ŒUVRES
COMPLETTES
DE GRÉCOURT.

TOME TROISIÈME.

ŒUVRES

COMPLETTES

DE GRÉCOURT.

NOUVELLE ÉDITION,

Soigneusement corrigée, et augmentée d'un
grand nombre de pièces qui n'avoient jamais
été imprimées.

TOME TROISIÈME.

A LUXEMBOURG.

AN X. -- 1802.

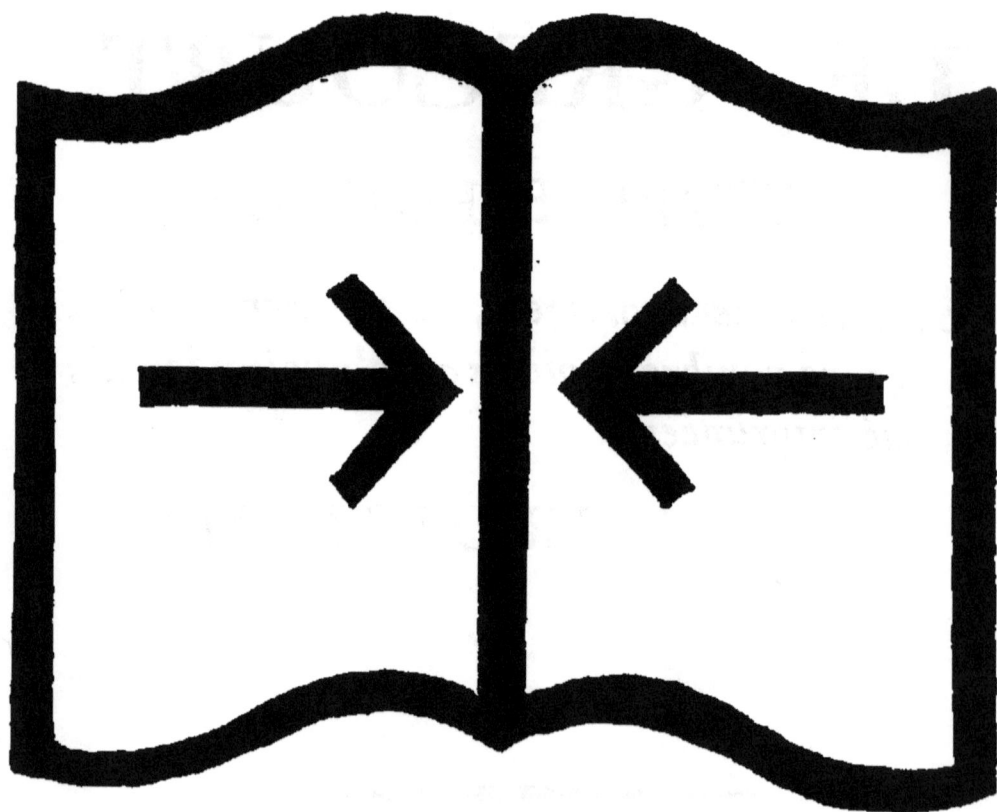

**Reliure serrée
Absence de marges
intérieures**

CONTES.

CONTES.

LA LINOTTE DE JEAN XXII.

Être discrette et femme tout ensemble,
Ce sont deux points que jamais on n'assem-
ble,
Et la moins femme, en ce sexe indiscret,
Garderoit mieux son honneur qu'un secret.
C'est, dira-t-on, trop outrer la pensée :
Quitte à prouver l'hyperbole avancée.
Nonnes étoient jadis dans un couvent,
Où Jean vingt-deux alloit assez souvent
Faire en pardons des dépenses de Pape.
C'est Fontevrault, de peur qu'il ne m'é-
chappe ;
Au demeurant couvent des mieux famé,
Gîte fâcheux, où le diable affamé
Étoit réduit à quelque peccadille,
Menu secours qu'il tiroit de la grille ;
Car, comme on sait, l'ennemi des humains
Par le babil tient toujours aux nonnains.

Le saint pasteur , muni de mainte bulle ,
Leur vint un jour faire baiser sa mule.
Dieu sait combien les pardons lors trot-
　　　　　　　　　　　　　　　toient ,
Si qu'on eût cru que rien ils ne coûtoient.
Insatiable est la gent monastique :
Bien l'allez voir à l'indult fantastique
Que s'étoit mis en tête d'obtenir.
Elles vouloient avoir à l'avenir
Pouvoir d'aller l'une à l'autre à confesse.
Père très-saint , entre nous , dit l'abbesse,
On s'avoueroit bien plus sincèrement
Tout ce qu'au prêtre on dit légèrement;
Cent petits riens , bagatelles en somme ,
Dont on rougit d'aller instruire un homme,
Homme sur-tout qui souvent peut causer
Ce dont à lui nonne va s'accuser.
Vous , confesser ! le cas est-il possible ?
J'ai , dit le Pape , un scrupule invincible
Qui vous fera refuser à regret.
Ce sacrement exige un grand secret ,
Et le babil dans l'engeance femelle ,
Fut autrefois la tache originelle.
Depuis long-tems cet unique grief

Fait à vos vœux refuser le saint bref ;
Mais j'en veux faire un peu l'expérience,
Et le savoir de ma propre science.
Tenez, dit-il, je mets jusqu'à demain
Cette boëte en garde à votre main.
Ne l'ouvrez pas avant mon arrivée,
Sans quoi serez à tout jamais privée
Du saint indult qui demain vous est dû,
Si n'ouvrez pas le coffre défendu.
Il sort ; voici notre boëte en voie :
Que je la touche, et moi que je la voie.
C'étoit à qui pourroit se l'arracher ;
Mais sans l'ouvrir on fut pourtant coucher.
L'abbesse presque en gagna la jaunisse :
On dormit peu ; le lendemain l'office,
Comme on peut croire, alla tout de travers.
Peut-on suffire à tant de soins divers ?
Un rien démonte une tête guimpée.
Ah ! dit l'abbesse à la gent attroupée ;
Le Pape joue à nous faire sécher ;
Quel grand secret a-t-il à nous cacher ?
Pour regarder ne sommes-nous pas bonnes ?
Il fait vraiment un grand honneur aux
                                    Nonnes !

Pour nous venger, ouvrons; qui le dira?
Comme elle étoit, on la refermera.
A ce discours taupa chaque vestale :
L'abbesse ouvrit la boëte fatale.
Qu'y trouva-t-elle? une Linotte au fond,
Qui, tout-à-coup, prit son vol au plafond,
Fit en sifflant trois rondes autour d'elles,
Puis par un trou s'enfuit à tire d'aîles.
Lors à la porte on heurte rudement;
Le saint pontife entre au même moment.
Çà, ma boëte; ores voyons, Mesdames,
Si l'on se peut confier à des femmes.
Car votre indult est dedans tout scellé.
Oh! oh! dit-il, il s'en est envolé;
Seriez vraiment de maîtresses commères
Pour confesser! Adieu, discrettes mères;
Onc ne sera confesseur féminin.
Tant mieux, reprit tout bas une nonnain;
Je n'étois pas pour la métamorphose :
Un confesseur est toujours quelque chose.

LE CUISINIER SCRUPULEUX.

Prêcher l'abstinence aux prélats,
Et leur prêcher la résidence,
C'est à-peu-près semblable cas ;
Et, pour dire ce que j'en pense,
Je crois, ma foi, qu'ils ont raison.
Jeûner, s'altérer le poulmon,
De chétif poisson faire usage,
Pour canaille chrétienne, bon,
Ou pour prestolets de village :
Mais pour prélats du haut étage,
Pour Princes de l'église, non.
C'est pourtant précepte, dit-on,
Pour grands et petits : on s'en moque.
Vous allez entendre comment,
Du précepte se crut exempt
Certain prélat à rouge toque.
Il aimoit fort les bons repas,
Et, suivant le susdit système,
Chez lui chaque jour de carême
Étoit semblable au mardi-gras.

Son cuisinier étoit un homme
Qui n'avoit son pareil à Rome.
Tous ses confrères, près de lui,
N'étoient que des cuistres : aussi
Son maître en faisoit grand estime.
Du train que son prélat menoit,
Le drôle avoit eu la foiblesse
D'aller raconter à confesse,
Tout ce qui chez lui se passoit.
Puis, fiez-vous aux domestiques.
Père en Dieu, par maintes rubriques,
Lui prouva qu'il seroit sans fin
Rôti, grillé comme un boudin,
Si, contre les loix de l'église,
Il contentoit la gourmandise
Du cardinal. Oui, mon enfant,
Dusses-tu perdre ta fortune,
Ne lui sers, dit-il, viande aucune,
Pendant le carême, s'entend.
Le cuistre, à cette réprimande,
Croit voir à ses trousses satan.
Il obéit ; adieu la viande ;
Et Monseigneur le Cardinal,
Depuis ce tems, dînoit fort mal.

Pourquoi changer mon ordinaire !
Dit-il : quoi ! toujours du poisson ?
Jadis , monſieur le marmiton ,
Vous en uſiez d'autre manière.
Pardon , répond-t-il , monseigneur :
Mais si j'en crois mon confesseur ,
C'est un crime à damner un homme ;
Que d'apprêter le moindre plat
De gras , fût-ce au pape de Rome ,
Hors qu'il ne soit sur le grabat.
Ce confesseur si rigoriste
Est à coup sûr un Janséniste ;
Qu'on me l'amène sur-le-champ.
On y court ; il vient tout tremblant.
Quoi ! petit diseur de bréviaire ,
Dit le cardinal en colère ,
C'eſt donc vous qui ne voulez pas
Qu'on me serve en ce tems du gras ?
C'eſt mon goût ; nous autres prélats
Avons-nous d'autre règle à suivre ?
Parbleu ! beau sire , il vous sied bien
De changer ma façon de vivre.
Croyez-moi , n'en faites plus rien ,
Ou je.... Monseigneur , dit le prêtre ,

De vos repas vous êtes maître ;
Mais je ne puis , sur mon honneur ,
Absoudre votre serviteur.
Il se damne , c'est conscience.
Voyez la belle conséquence ;
Faut-il, dit le prélat Romain ,
Pour sauver l'ame d'un faquin ,
Faire jeûner mon Éminence?

L'IVROGNE.

Un maître Ivrogne , dans la rue ,
Contre une borne se heurta :
Dans l'instant sa colère émue
A la vengeance le porta.
Le voilà d'estoc et de taille
A ferrailler contre le mur.
Ou bien il a sa cotte-maille ,
Disoit-il , ou bien il est dur.
En s'escrimant donc de plus belle ,
Et pan et pan , il avançoit ,
Lorsqu'il sortit une étincelle
De la pierre qu'il agaçoit.

Sa valeur en fut constipée.
Oh ! oh ! ceci passe le jeu ;
Rengaînons vîte notre épée :
Le vilain porte une arme à feu.

L'ENFANT DE NEIGE.

CERTAIN marchand de ces joyaux si
rares
Qu'on va chercher aux climats indiens ,
Depuis long-tems tenu mort par les siens ,
Après quinze ans revoyoit ses dieux Lares.
Jà d'une part il a grossi ses biens ;
Sa femme n'a chommé dans son absence.
De trois enfans qu'en partant il avoit ,
Et qu'il revoit dans leur adolescence ,
Un grand plaisir notre homme recevoit ;
Quand, en montrant encore un à leur père,
Elle lui dit: Monsieur , voici leur frère ;
Il est à vous , car c'est moi qui l'ait fait.
Comment cettui , dit-il , seroit-il nôtre ?
Vous savez bien qu'au tems de mon départ
Vous n'étiez grosse. A quoi la bonne apôtre
Dit : si faut-il que cet enfant soit vôtre ;

Car autre humain à l'œuvre n'eut de part.
L'hiver d'après que vous m'avez quittée,
Un certain soir me trouvant dégoûtée,
La neige alors couvrant le potager,
J'allai cueillir une feuille d'oseille,
Par quoi, dit-on, l'appétit se réveille,
Et me sembla, quand vint à la manger,
Neige glacée. Ainsi cette salade
En moi valut conjugale accolade ;
Car j'en devint enceinte dans le mois.
Ouais, dit l'époux, homme tranquille et
                                    sage,
Qui sur le champ du bon parti fit choix,
Nature est bien bisarre dans ses loix.
De mon pareil ce seroit un outrage ;
Mais d'une oseille irois-je me fâcher ?
Puis aussi bien l'avez fait sans pécher.
Toujours du ciel lignée est une grace ;
Acceptons-la: ce que Dieu veut se fasse.
Pas n'en cessa l'aise de la maison,
Se réservant à se faire raison.
Je veux, dit-il, qu'il fasse apprentissage ;
Pour succéder à mon commerce un jour,
Et je l'emmene à mon premier voyage,
                                    Si

Si qu'il sera docteur à son retour.
Avide encor d'augmenter sa fortune,
Après avoir goûté quelque repos,
Notre marchand redemande à Neptune
Nouveaux trésors, et cingle sur les flots.
Au premier port de la plage Africaine,
L'enfant d'oseille étant robuste et grand ;
A certain Turc, marchand de chair hu-
            maine,
Il le vendit à beaux deniers comptans.
Poursuit sa route, et ses besognes faites,
Troquant, vendant, échangeant ses em-
            plettes,
Revient encore en son pays natal,
Ayant de plus doublé son capital.
Combien du sexe est fausse l'enveloppe!
Il fut fêté de sa chere moitié,
Tant qu'eussiez dit une autre Pénéloppe
Pour son époux confite en amitié.
Mais de son fils n'entendant de nouvelle :
Et notre enfant, Monsieur, ce lui dit-elle?
Las ! il vous faut en dire l'accident.
En approchant des côtes de l'Afrique,
Où nous étions au-delà du Tropique,

(Certes, c'est-là que Phébus est ardent ,)
Du pauvre enfant j'ai vu le sort tragique.
Bien est-il vrai que la neige le fit ,
Car en un rien le Soleil le fondit.

JUGEMENT

SUR LE RÊVE ET LA RÉALITÉ.

Bien sommeillant j'étois tranquille et coi,
Lorsque Morphée artistement me grimpe
Le long des cieux. Qui fut surpris ? c'est
                                        moi,
Quand je me vis au milieu de l'Olimpe.
Déesse , Dieux, et tout le grand Sénat
Des immortels tenoit son consistoire.
En disputant sur un fait délicat ,
De part et d'autre on vouloit la victoire.
Or , quel étoit le sujet contesté ?
C'est de savoir si le songe agréable
Peut l'emporter sur la réalité ,
Lequel des deux est le plus désirable.
A l'étranger on fait toujours honneur ;

Aussi d'abord , d'une voix unanime,
Je fus nommé pour être rapporteur ,
Et dans ces mots à peu-près je m'exprime.
Grands Dieux , je crois que remplir ses
                          desirs ,
Quand la tendresse est sur-tout affamée ,
Est aux mortels le plus grand des plaisirs.
D'un bel objet si l'ame est enflammée ,
L'épreuve en est dans les soins , les tour-
                          mens,
Les grands périls , les peines infinies ,
Et tous les maux que souffrent les amans ,
Pour voir enfin leurs flammes assouvies.
Alors les biens pour les maux sont rendus,
La volupté dans son centre est placée ;
Alors les sens demeurent suspendus ,
Et l'ame même en paroît éclipsée ;
Alors on voit ce qui fait un heureux.
A ce bonheur tout notre être s'emploie;
Rien ne permet que l'on se croye honteux,
Et tout se paye en la même monnoie.
Oui, quand deux cœurs se trouve rassem-
                          blés ,
Quand l'amour vif souffle , allume et ti-
                          sonne,

Tous les plaisirs mille fois redoublés
Ne valent pas l'instant qui les couronne.
Divin moment, on ne sauroit assez
Vous exalter. Eh! qui peut le comprendre?
Mais d'où vient donc être si-tôt passé,
Ou trop long tems vous faites-vous atten-
dre ?
D'où vient qu'amour en donnant sa leçon,
Ne peut bannir, en pleine jouissance,
Le légitime et chagrinant soupçon
De n'être aimé que par obéissance,
Par intérêt ou par tempérament ?
D'où vient faut-il passer toute sa vie
Dans le métier du plus parfait amant,
Sans être sûr du cœur de son amie ?
Enfin, pourquoi trop souvent n'ont été
De jouissance autres effets plus proches,
Que longs regrets, triste satiété,
Chagrins cuisans et douloureux reproches?
Autre chose est le rêve officieux.
L'esprit voyage et parcourt tout le monde.
Divins objets il vous présente aux yeux,
Vous choisissez ou la brune ou la blonde.
A peine a-t-elle apperçu votre choix,

Qu'elle y répond ; active et complaisante,
Elle obéit aux plus bisarres loix,
Et vous paroît toujours gaie et contente.
Dans un palais superbement paré,
Est apprêtée une brillante fête.
La nymphe arrive, et l'on est assuré
Tout aussi-tôt d'avoir un tête à-tête,
Loin des rivaux, des maris, des jaloux,
Votre victime est sûrement gardée,
Et l'on n'a pas les restes d'un époux,
Dont la laideur empoisonne l'idée.
On ne craint point qu'un mécontentement
La rende ingrate, indiscrette, infidelle ;
Et comme elle est sûre de son amant,
Vous êtes sûr du cœur de votre belle.
D'ailleurs le rêve annonce la santé ;
Il est le fils de la sage nature,
· Et l'on en sort avec la sûreté,
Qu'un repentir ne suit point l'aventure.
Bref, cet instant si desiré, si vif,
Dont les amans font leur bonheur suprême,
Quand nous rêvons, n'est ni prompt ni tar-
dif,
Et le plaisir est pour le moins le même.

Je conclus donc, le tout considéré,
Et je puis bien en rendre témoignage,
Qu'un songe heureux, au réel comparé,
Doit en justice emporter l'avantage.
Mais, belle Iris, je me retracterai,
Sur mon avis je passerai l'éponge,
Dès le moment qu'avec vous je pourrai
Toute une nuit réaliser un songe.

LES SOUHAITS.

PHILIS et moi ne sachant plus que dire,
Faire encor moins, nous nous mîmes, pour
rire,
A souhaiter. Je voudrois être roi,
Dit la follette, et chacun sous ma loi
Vivroit heureux; tous les impôts de France
Seroient ôtés. La tranquille abondance
Enrichiroit le maître et le sujet.
Que pense-tu ? Ce seroit fort bien fait.
Pour moi, Philis, si j'en étois à même,
De Jupiter j'aurois le diadême,
Et les mortels n'en seroient pas fâchés;

Car, j'ôterois, morbleu, tous les péchés.
En est-il tant, me réplique ma blonde,
Pour borner là ta bonne intention ?
Moi, je ne vois de péchés dans le monde,
Que l'inconstance et l'indiscrétion.

LE BOUDIN (1).

Qu'il étoit lourdaut, ce valet !
Que sa bêtise étoit insigne !
Quand sa maîtresse il appelloit,
Et de loin lui faisoit ce signe :
Du pouce et de son doigt voisin,

---

(1) Madame de.... avoit envie de faire du
boudin, trouvant à redire à celui que faisoit son
cuisinier. Celui-ci, ayant offert de préparer seulement les viandes nécessaires, envoya avertir sa-
maîtresse que tout étoit prêt. Le laquais la voyant
en grande compagnie, s'avisa de lui parler par
gestes. L'Abbé de Grécourt arriva dans le moment
que la compagnie rioit à gorge déployée de la bêtise
du valet ; on lui demanda des rimes sur ce sujet, et
il obéit sur le champ.

Formant une espèce d'ovale,
Avec l'index de l'autre main,
Il tracassoit dans l'intervalle.
La compagnie à crime noir
Imputa cet air de mystère.
Il figuroit un entonnoir;
C'est du boudin qu'elle alloit faire.

LES COMPLIMENS.

PAUL à Paris, chez son maître logé;
D'aller à Reims voir sa femme eut congé.
A son départ deux de ses camarades:
Nos complimens, Paul, à votre moitié,
Lui dirent-ils, et, pour notre amitié,
En arrivant, la nuit deux embrassades.
Ainsi fut dit, ainsi Paul le promit,
Et sans tarder en chemin il se mit.
Dès qu'il arrive, à sa femme il raconte
Les complimens de ses deux bons amis,
Et la nuit même, en homme de bon compte,
Il satisfait à ce qu'il a promis,
Puis se repose. Elle mal endormie:

Mon cœur , dit-elle au bout de quelque
tems ,
N'avez-vous point pour amis,d'autres gens
Chez votre maitre ? Oui fans doute , ma
mie,
Tout sommeillant, lui répond son époux ;
Mais je n'ai d'eux nul compliment pour
vous.

LES JOIES DU PARADIS.

COLAS, vrai manant de village ,
Epousa la veuve Alison ,
Qui , plus ardente qu'un tison,
Connoissoit fort le mariage ;
Mais Colas n'étoit qu'un oison.
La première nuit du ménage
Elle n'en put tirer raison ;
Car il avoit son pucelage ,
Et ne fit pour tout badinage
Que papilloter la toison.
Le lendemain faut savoir comme
Alix maltraita le Jeannot.
Je croyois avoir pris un homme ;

Dit-elle, et je n'ai pris qu'un sot.

Dame! il n'a jamais fait la joie,

Lui répondit un des parens.

Faudroit le mettre sur la voie,

Et vous seriez bien-tôt contens.

Volontiers, qu'à cela ne tienne.

En effet, la grosse maman,

Qui devoit savoir le tran tran,

La nuit d'après, lui coula cette antienne :

L'ami, serois-tu curieux

De goûter les plaisirs des Dieux !... ⟨

Des Dieux qui sont aux ciel ?... Sans
doute....

Comment?Eh?nous ne voyons goute?....

N'importe,approche-toi:pas ainsi;bon cela;

Encor tant soit peu, t'y voilà ;

Courage, allons, fort dans les boules.

Colas dans ce moment crut quitter son
taudis,

Et s'écria : ma mere, ayez soin de nos
poules ;

Je sens que j'entre en paradis.

———————

LE GUEUX INDÉCENT.

Un passant tout déguenillé
Gueusoit d'une manière immonde ;
Il étoit si mal habillé ,
Qu'il scandalifoit tout le monde.
Le drôle le faisoit exprès ,
Et s'en gobergeoit en lui-même.
Hérault mit les archers après ,
Tant l'imprudence étoit extrême.
Voilà les témoins assignés ;
Tous les hommes le reconnurent,
Et sur ses traits bien désignés ,
Contre lui hautement conclurent.
Les femmes furent son appui ;
Car toutes , dans leur témoignage,
Dirent : je ne sais si c'est lui ,
Je n'ai pas pris garde au visage.

IL Y A PLACE POUR DEUX.

DANS un champêtre équipage,
Tircis avec Iris alloient faire un voyage ;
   Lorsque le coche les versa.
   Pas un des deux ne se blessa ;
   Mais le plaisant en ce rencontre,
   Fut que la belle Iris fit montre...::
   Ah ! dit Tircis tout aussi-tôt,
   Je viens de voir ce qu'il me faut.
Oh ! nenni, dit Iris, et j'en suis bien marrie,
Car le tout appartient à mon fidèle époux.
Mais, si j'en avois deux, je vous jure ma vie,
   J'en réserverois un pour vous.
   Le remède est aisé, madame ;
   En faisan un retranchement,
   Il s'en trouvera, sur mon ame,
   Et pour l'époux et pour l'amant.

LES

LES BOTTES.

DEUX voyageurs séjournèrent à Tours:
Tous deux étoient dans l'âge des bons
                                    tours,
Plus curieux de bonnes aventures ,
Que de palais, monumens et peintures.
Gentille hôtesse, époux lourd et mâtin ,
A point nommé font les honneurs du gîte.
Pour peu qu'amour veuille y prêter la main,
J'ose assurer plaisante réussite.
Voilà d'abord l'un de nos deux galans
De mainte œillade agaçant la commere;
Tendres façons , petits soins et sermens
Sont en campagne, et puis faveur légère,
Baisers volés ; puis la main qui s'ingère ,
Et qu'on punit. Béatilles d'amour
Viennent par ordre, et chacune à son tour.
Tout jusques-là n'est que cajolerie ,
Que doit souffrir une hôtesse jolie.
Mais un beau jour , pour certaine raison ,
Nos voyageurs sortis de la maison ,

La belle étant à leur chambre montée,
Voit par hasard leurs bottes dans un coin:
Botte aussi-tôt par elle convoitée :
Desir lui prend d'essaier sans témoin
Quelle figure auroit femme bottée.
Sur ce point-là, sans prévoir le péril,
Tant fut enfin procédé par la belle,
Qu'elle chauffa l'accoûtrement viril.
Le galant monte, et trouvant la femelle
Embarrassée en ce plaisant maintien,
Il vous l'étend sur son lit bel et bien.
Amour sans bruit conduisoit le mystère :
Le Dieu fripon, après quelque tracas,
Introduifit le vainqueur de Cythère.
Quelqu'un dira : quoi! l'on ne cria pas?
Pourquoi crier ? Elle n'étoit pas si sotte ;
A quel scandale eût-elle donné lieu ?
Qu'eût dit l'époux de voir sa femme en
         botte ?
Péchés secrets sont remis devant Dieu.
L'histoire aussi dit qu'avant de se rendre,
La chasteté fit très-bien son devoir.
Menaces, pleurs, prières, désespoir :
On n'obtint rien ; bref on fit tel esclandre,

Que le mari, qui montoit sans deffein,
Approche l'œil du trou de la serrure :
Il eût mieux fait de suivre son chemin.
Qu'apperçoit-il ? pélerin en pofture,
Et par-dessous des bottes en mouvement,
Bottes sans plus, rien ne vit plus avant.
En cet endroit la chronique est perplexe,
Aucuns ont dit que l'époux, par raison
De sympathie, et sans soupçon de sexe,
Sentit au front quelque démangeaison.
Or reprenons le fil de l'aventure.
A cet objet, je te laisse penser,
Lecteur prudent, l'étrange conjecture
Qui chez l'époux vint soudain se glisser.
Quelle fureur ont ces gens-ci dans l'ame,
Se disoit-il ! prêterai-je mes lits
Pour assouvir leur passion infâme ?
Ils porteront malheur à mon logis.
Tout de ce pas, de peur d'être complice,
Notre homme court avertir la juftice.
Le juge vient ; une escorte le suit :
Pendant ce tems, sans rompre la cadence,
Le pélerin avoit repris la danse.
Heureux qui met chaque instant à profit :

Botte jamais ne fut à telle fête.
Il n'étoit plus mention de crier ;
A tout aussi sut-on bien se plier ;
Pour partager les fruits du tête-à-tête.
Le tout pourtant n'étoit qu'à bonne fin ,
Faute de mieux , et je le crois de même.
Dandin regarde , ensuite tout l'essain ;
L'un après l'autre , en un silence extrême,
Jusqu'au greffier , tous observent le cas :
Et croyez bien que l'on n'oublia pas ,
Dans cet écrit , les bottes , et pour cause ,
Tant leur sembloit aggraver le délit.
Tout étant fait , on heurte à petit bruit :
Quel contre-tems ! une sombre ruelle
Sert de retraite à la pauvre femelle.
De quelle peur l'amant fut-il frappé ,
Quand , l'huis ouvert, il se trouve happé !
Qu'est-ce , messieurs , disoit-il tout en
                                    transe ?
On se méprend, savez-vous qui je suis ?
Mon nom est tel , Florence est mon pays.
Notez , greffier , monsieur est de Florence.
L'hôte cherchoit le compagnon botté ;
Il le saisit , malgré sa résistance ,

Et par la main l'amene à la clarté.
Ça, disoit-il, voyons sa contenance ;
Elle sera plaisante, sur ma foi.
Pauvre cocu, voyons plutôt la tienne,
Du dénouement chacun rit à part soi.
Le mari veut étrangler la chrétienne ;
Messir Dandin appaisa les débats.
De la femelle alléguant l'imprudence :
Même l'époux, lâchant quelques ducats,
De la cohorte achete le silence.
Le pélerin déloge, et son ami,
Comme on peut croire, et les bottes aussi.
Il paya bien, quitte pour quelque honte,
Suivit sa route, et chacun eut son compte.

LE PSEAUTIER.

Du pieux roi David que les pseaumes
    sont beaux !
Ma fille, en vous couchant, faites-en lecture :
 Eclairez-vous de ces flambeaux ,
 Votre ame sera toujours pure.
 Je vous prête mon grand pseautier :

Plût à Dieu, ma chère Isabelle ;
Que vous le sussiez tout entier !
Oui, Maman. Voici donc la belle
Qui prend le saint livre et le met,
Sans trop grand desir de le lire,
Très-proprement sous son chevet.
Or, elle attendoit un beau sire ;
Il vint, et les tendres ébats,
Agitant draps et couverture,
Le pseautier descendu plus bas,
Se trouve au fort de l'aventure.
Bien'plus ; car du prudent ami
La reliure toute neuve,
D'un plaisir qui n'est qu'à demi
Reçut une abondante preuve.
Le matin la mère arriva,
Et ne vit pas l'amant, sans doute ;
Mais son cher volume trouva
Tout maculé, tout en déroute.
A l'œil, au tact, à l'odorat,
Elle frémit, elle soupçonne.
Mon pseautier est en bel état !
Parlez-moi, petite friponne....
Je ne sais pas d'où vient cela ;

En faute assurément je ne suis pas tombée,
Sinon que j'ai rêvé que David étoit-là ,
Qui me prenoit pour Betzabée.

LE PARTANT QUITTE.

CERTAIN grivois un jour à son curé
Se confessoit , et d'un ton assuré
Sembloit vouloir lui vanter son mérite?
J'ai , disoit-il , de mon prochain médit;
Mais, par le bien qu'ensuite j'en ai dit,
J'ai réparé tout le mal ; partant quitte.
Certain bijou que l'on avoit perdu ,
Je l'avois pris ; mais je l'ai bien rendu ;
Partant quitte, et mon ame à tel point n'est
      méchante
De retenir le bien qui ne m'appartient pas.
Enfin , baissant la voix, il dit d'un ton plus
      bas :
Monsieur , avec votre servante
J'ai fait le cas: comment m'acquitter de ceci?
Lors le curé , pour rassurer son ame ,
Dit : Monsieur , avec votre femme
J'en fis autant , et partant quitte aussi.

LA BIBLE DE CALVIN.

CALVIN, du rang des lectures sacrées,
Avoit ôté celle des Machabées ;
Eût-il raison ? Pour en être éclairci ,
 Lisez le conte que voici.
Un prédicant , le long d'une prairie ,
Se promenoit tenant sa bible en main.
Vint une fille , et sans cérémonie
Dans un lieu creux il la mène soudain ;
Puis se prépare à passer son envie.
 Le terrein étoit un peu bas ,
  Ainsi que de la belle
   Ce qu'on ne nomme pas.
Eh ! bien , dit-il à la donzelle ,
Mettons ce livre, il haussera ,
Et la besogne mieux ira.
La bible fut donc mise en œuvre ,
Mais mieux n'en alloit la manœuvre.
Le galant connut le défaut ,
Il falloit un livre plus haut ;
Un doigt de plus eût été son affaire.

Lors en lui-même il considère
Qu'il eût eu ce doigt, si Calvin
N'eût tronqué le livre divin ;
Et, chagrin d'être à même et ne pouvoir
rien faire,
Maugré ! dit-il, se tirant à quartier,
Pourquoi ne pas laisser la bible en son en-
tier ?

LE PÉCHÉ ORIGINEL.

QUAND Dieu forma le premier des hu-
mains,
Le plus beau don qui partit de ses mains
Fut l'heureux don de vigueur immortelle,
Dont il doua notre père rebelle.
Toujours armé pour l'amoureux combat,
Il pouvoit prendre un éternel ébat ;
Aucun dégoût n'altéroit sa tendresse,
Et dans sa femme il trouvoit sa maîtresse.
Sans s'épuiser, il goûtoit les plaisirs,
Et sa puissance égaloit ses desirs.
Si de l'amour il suspendoit la fête,
En conquérant il quittoit sa conquête,

Et se livrant au sommeil enchanteur,
Jusqu'en ses bras témoignoit son ardeur.
L'œil attaché sur un si bel ouvrage,
A son auteur Eve rendoit hommage,
Et de sa main, pour convaincre ses yeux,
Touchoit souvent un bien si précieux.
Quelqu'un dira, (car toujours quelqu'un
　　　　　　　　　　　　blâme),
Eh ! quoi ! bon Dieu ! toujours la même
　　　　　　　　　　　　femme !
Adam n'avoit ni cousine ni sœur,
Du pain d'autrui ne goûtoit la douceur;
Il jouissoit d'un bonheur léthargique ;
Il étoit seul. Ainsi l'homme critique
Doit-il gloser sur l'être universel ?
C'est un des fruits du crime originel.
Depuis ce crime à l'univers funeste,
L'erreur nous suit, l'impuissance nous reste.
Ouvre les yeux : l'amour du changement,
Qui de ton cœur flatte le sentiment,
Cet appétit, cette soif qui te presse,
Homme orgueilleux, démontre ta foiblesse.
Comme un malade, avide, curieux
De mets divers qu'il dévore des yeux,
Et qui trompé, lorsque sa main y touche,

Sent l'appétit expirer dans sa bouche ,
Tout fils d'Adam , affamé dans ses vœux,
D'objets nouveaux, est toujours amoureux.
Un monde entier ne sauroit lui suffire ,
C'est une faim au moment qu'il desire.
Veut-il jouir ? c'est trop pour le matter ,
D'un seul objet qu'il ne peut contenter.
Dès que son cœur touche à la jouissance ;
Vient le dégoût , enfant de l'impuissance.
Graces à lui , le plaisir est travail ,
Et ce dégoût fit le premier serrail.
Nature seule a d'inutiles charmes ,
Et l'art s'épuise à lui fournir des armes.
Pour réchauffer nos plaisirs languissans ,
Tous nos efforts se trouvent impuissans.
Etat parfait de notre premier père ,
Vous n'êtes plus : quelle est notre misère !
Hélas ! c'est toi , sexe trop curieux ,
Qui nous perdis , en perdant nos ayeux.
Par le serpent Eve jadis séduite
Porta la dent sur la pomme maudite ,
Et , subornant son mari complaisant ,
Lui partagea son dangereux présent.
Vous serez Dieu, mordez dans cette pomme,

Il y mordit, à peine fut-il homme.
Cette vigueur, fille de la santé,
Qui fut le prix de l'immortalité,
S'évanouit, et de son cœur volage
Un vain desir demeure le partage.
De sa sottise interdit et honteux,
Adam sur lui jettè un regard piteux,
Voit son malheur qu'il a peine à com-
                                    prendre.
La voix de Dieu se fait alors entendre.
Eh ! bien, ami, que dis-tu de ce fruit ?
Etoit-il bon ? Le pauvre homme s'enfuit,
Couvrant sa quille et cachant sa misère,
Troublé, confus, cherche un lieu solitaire.
Là, regrettant son antique vigueur,
Il ne sent plus qu'un reste de chaleur ;
D'un foible corps image languissante,
Feu passager, ardeur intermittente,
Qu'un souffle éteint, qui pour Eve renaît,
Mais telle hélas ! qu'en nous elle paroît.
A ce spectacle Eve accourt éperdue,
Sur son époux porte sa triste vue,
Pleure, gémit, s'arrache les cheveux,
Puis le pressant de ses bras amoureux,

                                    Dans

Dans sa douleur tendrement le carresse ,
Tant fait qu'Adam revient de sa foiblesse.
Hardi, d'abord il se porte au combat,
Et se ressent de son premier état ;
Mais, ô disgrace ! au milieu de sa flamme,
Dois-je le croire ? Adam rata sa femme.
Tendres baisers , vains efforts , soin cruel?
Il en rougit , il sent qu'il est mortel.
Les yeux en pleurs , son épouse s'écrie:
De mon péché me voilà bien punie.
Funeste fruit, que tu me coûtes cher !

Un pareil sort ne doit point nous toucher.
Ils avoient tort ; mais par quelle injustice
Me punir , moi qui n'étois pas complice ?
De leur disgrace héritier malheureux ,
Je ne puis rien , et toutefois je veux ,
Pour mériter cette vertu première ,
De saint François embrasser la bannière.
Du ciel pour nous il obtiendra ce don.
Ceignons nos reins de son sacré cordon ;
Ft, pour nous rendre un paradis prospère,
Des Andouillards prenons le scapulaire ;
Car du Seigneur les bienfaits desirés

Tombent sur ceux qui lui sont consacrés.
Sa main , doublant la dose de ses graces ,
Fleurit leur teint , épanouit leurs faces ,
Loge toujours dans leurs corps rebondis
Joie et santé dont il comble ses fils ,
Et leur départ force toujours nouvelle
Pour diriger tout le peuple femelle.

LE SERMON EFFICACE.

TEL qui , des Agnès séducteur ;
De l'amour leur ouvre la lice ,
Est , disoit un certain docteur ,
De tous leurs péchés le complice :
S'il avient que le pied leur glisse ,
Il en est damné comme auteur.
Jeanne , dont Blaise est l'affronteur ,
A ce sermon s'écrioit d'aise :
Fait bon ouïr prédicateur ,
Ah ! que je vais bien damner Blaise !

L'OFFICE DES MORTS.

Un Jouvenceau se confessoit,
Un jour de pâque, à certain Fique-puce ;
C'étoit, je pense, père Luce,
Que ce bon père se nommoit.
Or, entr'autres péchés, le drôle s'accusoit
De coucher avec sa servante,
Gentille et jeune, et par-dessus ceci,
Très-neuve encore, cas rare en ce tems-ci.
Passons, lui dit le moine, instruire une
ignorante,
N'est pas tant mal, & même c'est un bien :
Allons, allons, cela n'est rien.
Après. . . . mais poursuit le compère,
Aussi j'ai quelquefois affaire
Avec Alix, la femme à Jean, notre voisin.
Eh ! bien, c'est aider son prochain.
Puis avec une veuve. Ah ! parbleu, dit le
père,
De vous passer ceci, je ne serai pas si doux.
Consoler l'affligé, c'est faire œuvre propice.

Mais des défunts faire l'office ,
C'est trop entreprendre sur nous.

LE COCHE VERSÉ.

La nuit un coche ayant versé ,
On tomba les uns sur les autres ;
Chacun se crut le cou cassé ,
Et dépêchoit ses patenôtres.
Dans l'entre-deux d'un gros fessier
Un curé fut pris par la nuque :
Il retira son chef entier ;
Mais il y laissa sa perruque.
Il la cherche en l'obscurité.
Une dame fort étonnée
Se plaint de sa témérité ;
Monsieur , suis-je assez tâtonnée !
Le curé s'excusa beaucoup ,
Et pour appaiser son murmure ,
Lui dit : Je la tiens pour le coup ,
Car j'ai le doigt dans la tonsure.

LA DÉLICATE.

FILLETTE assez jolie, et qui passoit
quinze ans,
Age où l'on dit qu'on ne voit plus d'enfans,
Prit pour mari, l'autre semaine,
Un jeune homme de longue haleine.
A sa conjointe, en deux heures de lit,
De son amour quatre sermens il fit;
Après quoi vint fort à propos Morphée,
Qui, près du vainqueur, endormit
L'épouse bien et dûment paraphée.
Au matin trois autres sermens
Sembloient, je crois, devoir suffire,
Pour satisfaire nos amans;
D'autant plus, puisqu'il faut tout dire,
Que, dans le compte fait, j'en omets quan-
tité,
Où manquoit, à la fin, quelque formalité.
Eh! bien, qui l'auroit cru? le long de la
journée,
La jeune femme accuse l'hyménée,
Soupire, gémit, fond en pleurs.

Accourent père, mère, sœurs.
Jugez des questions, et jugez des allarmes.
Chacun demande en désarroi,
Que seroit-ce ? il paroît content d'elle et de
soi,
Dites-nous-le, mignonne ? Hélas ! répond
Agathe,
Je ne me plains pas de mon choix ;
Mais franchement je suis trop délicate,
Pour avoir, tout au moins, sept enfans à
la fois.

LE NŒUD COULANT.

JEUNE blondine aimoit jeune garçon :
Mais un vieillard l'acquit en hyménée.
Pour ses écus et par force menée,
Au sacrement, elle eut longue leçon
Sur ses devoirs. Il falloit voir le prêtre
La sermonner. Aimez bien votre maître :
C'est à lui seul que vous joint l'éternel,
Par un saint nœud, par un nœud solemnel,
Un nœud divin, le plus grand nœud du
monde.
Elle en pâlit, encor plus son galant :

Mais en sortant, lui dit tout bas la blonde:
Console-toi, ce n'est qu'un nœud coulant.

LE PUPITRE.

Belle maman, soyez l'arbitre,
Si la fièvre n'est pas un titre
Suffisant pour se disculper
De ne point aujourd'hui souper.
Je suis au lit comme un bélitre,
Fort mécontent de m'occuper
A sentir mon pouls galoper.
Beaucoup de sang couleur de litre
De mon bras on vient d'extirper;
Et c'est à force de lamper,
Qu'il est, dit-on, trop plein de nitre.
Mais j'espère d'en réchapper,
Puisqu'en écrivant cette épitre,
L'amour me dresse mon pupitre.

L'AVOCAT DOCILE.

Certain jeune avocat, affamé de procès,
    N'avoit ni client ni cliente :
En vain il balayoit chaque jour le palais,
    Et disoit à la gent plaidante :
Chez moi, messieurs on écrit prompte-
                       ment ;
En nouveau Cicéron, je plaide éloquem-
                      ment ,
Le tout à juste prix. Il employoit la force
    De maint autre raisonnement :
    Autant en emporte le vent ;
Pas le moindre plaideur ne venoit à l'a-
                  morce.
Comment faire ? On le raille impitoyable-
                  ment.
Écoute, te voilà dans un âge nubile,
Lui disoit l'autre jour un de ses bons
                  amis,
Il faut te marier, et c'est-là mon avis :
    Alors tout te sera facile.
    Faute de mieux, ce remède aigre-doux
    Fut accepté par l'avocat docile :
Il promit de porter le beau titre d'époux.

Pendant qu'une femme on lui quête,
Un jour l'ami railleur vint lui parler anisi :
Je sais que ton hymen s'apprête,
Les affaires, dis-moi, viennent-elles aussi ?
Oh ! bien-tôt, répondit notre futur mari,
J'en aurai par dessus la tête.

LES VŒUX.

PAR le carosse alloit prendre les eaux
La mere Agnès, jeune religieuse.
Probablement le plus grand de ses maux
N'étoit au fond qu'une fièvre amoureuse.
Un capitaine en fut d'abord tenté,
Qui dès le soir, après mille caresses,
La délivra du vœu de chasteté.
De part et d'autre on se fit des promesses
D'être fidèle. Hélas ! mon cher époux,
Je vous promets de n'obéir qu'à vous :
Mon cher papa, mon cœur, s'écrioit-elle ;
Oui, je vous jure une ardeur éternelle.
Le lendemain notre homme déjà las
D'être amoureux, dit à son camarade :

Telle chose est. Je ne manquerai pas,
Repliqua-t-il, de prendre l'accolade.
Le dîner vint, où le galant nouveau,
Expéditif et plein de bienveillance,
L'ayant menée à l'ombre d'un ormeau,
La délivra du vœu d'obéissance.
Or, du voyage étoit un financier,
Qui justement faisoit le quatrième.
Ayant trouvé de retour l'officier,
Il sut de lui ce nouveau stratagême.
Quoi donc! moi seul n'en aurai pas tâté:
Si vous voulez, dit-il, être des nôtres,
Délivrez-la du vœu de pauvreté;
Vous ferez plus vous seul que les deux au-
    tres.

LES YEUX MOUILLÉS.

Helas! j'aimois, et j'étois bien aimée;
Tendres respects, vœux et soins, enfin tout,
Après six mois, mit ma sagesse à bout.
Par mon amour me voyant consumée,
A mon amant j'accordai rendez-vous.

Donnez l'essor à l'imaginative,
Et concevez combien la fête est vive,
Quand elle est faite aux dépens d'un jaloux.
Il eut d'abord toute la petite oie,
Qu'à l'aise on prend sous un même chevet,
Mais je n'en fis qu'un heureux à brevet,
Car je n'osois enregistrer sa joie.
J'étois épouse, et je ne l'étois pas.
Ce triste état, lui dis-je, rend timide ;
Ainsi, mon cher, détourne un peu la bride,
Quand le bidet voudra doubler le pas.
Il m'obéit ; mais en changeant sa course,
Il aveugla ce qui l'avoit épris ;
Mes yeux mouillés, n'en soyez point sur-
pris ;
L'eau réjaillit aussi haut que sa source,

LE VOYAGEUR.

Un voyageur, ayant gagné son gîte,
Demande un lit et du vin promptement.
Pour le servir, Alison monta vîte.
Le cavalier attachoit fortement

Les yeux sur elle , et la trouva gentille.
Pourquoi , dit-il , avec difficulté
Prononcez vous ? cela vient de famille :
Maman de même et mes sœurs ont été.
C'est dangereux ; mais j'ai d'une racine
Moyennant quoi je prétends vous guérir.
Je ne saurois prendre de médecine
Avant trois mois. Vous voulez donc mou-
                                          rir ?
Incessamment votre parole éteinte
    Empêchera la respiration.
Venez, la belle, et n'ayez point de crainte ,
Il faut chez vous tout mettre en action.
La pauvre enfant , idiote à l'extrême ,
    Se confia. Le nouveau médecin ,
Pour la tromper , eut tant de stratagême ,
Qu'il vint à bout de son joyeux dessein.
Lors Alison , voyant un intermède
Trop prolongé , baissoit encor la voix ,
En lui disant : monsieur , votre remède
Opère-t-il dès la premiere fois ?

LE

LE BÈGUE.

Un bègue vouloit d'une dame
Les bonnes graces acquérir,
Et lui prouver l'ardente flamme
Dont l'amour le faisoit mourir.
Étant au bout de sa harangue,
Ne pouvant plus mouvoir la langue,
Il eut recours à son outil ;
Puis le montrant et des yeux et du geste ;
Madame, excusez moi, dit-il,
Le porteur vous dira le reste.

LA BULLE.

Après avoir dit messe, un jour certain
                    curé
Méditoit sur un prône assez mal digéré.
   Un dégourdi de son village,
   Le voyant en cet équipage,
En l'abordant, lui dit : Bon jour, notre
                    pasteur ;

Quoi donc ! vous êtes bien rêveur !
C'est sans doute quelque nouvelle
Qui vous occupe la cervelle ?
Peut-on voir ce papier ? Est-ce quelqu'*Ore-*
mus !
C'est la bulle *Unigenitus* ,
Que je vais publier à qui voudra l'entendre,
Répondit le pasteur. Ami , comme à m'at-
tendre
On se lasse peut-être , adieu, jusqu'au re-
voir.
Il faut à tout le moins prévoir ,
Avant que de monter en chaire ,
Sinon il vaut bien mieux se taire.
Bon, bon ! dit l'égrillard, eh! vous n'y pen-
sez pas.
Vous voilà, par ma foi, dans un grand em-
barras !
J'ai chez moi d'un bon vin , curé , venez en
boire.
Le bon vin, le matin, rafraîchit la mémoire,
Et j'ai de reste encor quelques vieux roga-
tons.
Empochez votre bulle, après nous la lirons.
Venez, nous trouverons au logis nape mise.
Le curé réfléchit , quitte sa mine grise.

Allons, dit-il, ne nous amusons pas.

Ils arrivent : d'abord, sans faire de fracas,

On s'attable, en deux coups on vuide une
bouteille ;

Une autre arrive ; enfin tout se passe à merveille.

Mais que fit notre drôle ? A ses fins il visoit;

Il fixa le moment que le curé buvoit.

Il tire adroitement la bulle de sa poche,

Et lui glisse un couplet. Dans cet instant la
cloche

Se fait entendre, on se lève, on s'en va;

Le curé, peu certain de ce qu'il prêchera.

On l'attendoit, il monte en chaire.

Je viens vous annoncer une bien grande
affaire,

Dont sans doute on sera surpris.

Il fait un grand *In nomine Patris*.

Frères, il s'est glissé depuis peu dans l'église

Des abus plus cuisans que n'est le vent de
bise ;

C'est l'ouvrage maudit d'un troupeau de
sorciers.

Oui, je le brûlerois moi-même volontiers.

Ils s'appellent, dit-on, messieurs de l'Ora-
toire.

E 2

Ce sont eux qui, voulant éterniser leur
                                    gloire,
Sont les seuls boute-feux de tant de remue-
                                        mens.
    Ah ! grand Dieu ! les vilaines gens !
Pour éviter leurs coups, leur rage, leur
                                    furie,
Disons cent fois par jour l'oraison à Marie.
    En un mot, mes chers auditeurs,
    Ce sont autant de séducteurs,
    Qui, pleins d'une mauvaise bile,
    Ont renversé tout l'évangile :
Mais il leur en a cuit ; car le Père éternel
Les a tous foudroyés par un arrêt cruel.
Cet arrêt, mes enfans, c'est cette bulle
                                    sainte,
    Que nous devons tous accepter sans
                                        crainte.
Par inspiration au Pape il est prescrit
    D'en envoyer par-tout un manuscrit,
Le voici ; mais silence. *En revenant de Pise,*
    Je pris ma robe grise.
Je vais tout expliquer : Pise est une maison
A quelques pas de Rome, où le Pape, dit-on,
    Va, quand sa poitrine le presse,
    Faire usage du lait d'ânesse.

Admirez, mes enfans, sa douceur, sa bonté :
Il ne veut point tromper votre crédulité ;
Il daigne nous mander, pour ôter tout
scrupule,
Comment du divin greffe il a reçu la bulle.
Je rencontris Nanon,
Et la jettai sur le gazon.
Voyez qu'il aime peu la pompe du saint
siége !
Nanoni, cardinal, faisoit tout son cortège.
Levai son cotillon.
C'est pour se mettre en oraison ;
Car ces deux saints prélats sont toujours
en prière.
Après avoir fini cette sainte carrière,
Sans doute ils jouiront du prix de leurs tra-
vaux.
Ah ! j'apperçois déjà ces deux heureux ri-
vaux
Savourer à long traits cette douce allégresse
Dont Dieu récompensa la sainte pécheresse.
Grand Dieu ! ... Mais achevons..: *Mis la*
main sur son....
Qu'on m'ôte ce papier; c'est bien avec raison
Que l'on m'a dit cent fois, à diverses reprises,
Que la bulle par-tout fourmille de sottises.

AVENTURE DE M. DAVEJAN.

DAVEJAN conduisant sa troupe,
Entendoit les menus propos
De six gaillards marchant en groupe,
Qui contoient leurs joyeux travaux.
Neuf, dix, passoient pour bagatelle,
Lorsqu'un sur quatorze jura.
Corbleu ! tu nous la bailles belle ;
Camarade, qui te croira ?
Qui me croira ? Jarni, mon ame !
Le diable m'arrache les dents,
Ou me change en sexe de femme,
Si d'un seul ïota je ments.
Fi donc ! j'en appelle à vous-mêmes,
Leur dit Davejan stupéfait :
N'est-il pas assez de blasphêmes,
Sans celui que ce coquin fait ?

LA CONFESSION LATINE.

Un vieux régent de rhétorique
Promet à tous ses écoliers
De les confesser volontiers,
Pourvu qu'en latin on s'explique.
Unum mendacium feci,
Dit l'un, en commençant son rôle.
Que dites-vous-là, petit drôle ?
L'énorme faute que voici ?
Vous serez tancé d'importance.
Puellam vitiavi ter
Cela vaut mieux, dit le Pater ;
Continuez : c'est du Térence.
Cum sociis habui rem ;
C'est le plus fréquent de mes vices,
Eh ! cher enfant, quelles délices !
Hoc redolet Ciceronem.

MESSIRE IMBERT.

Sauver une ame , adoucir sa douleur ,
Dompter la chair , ramener la sagesse ,
Guérir l'infirme , et croire à son pasteur ,
C'est charité , répétoit , à confesse ,
Messire Imbert. Vous sentez-vous , ma
                                        sœur ,
Ce saint desir , cette divine ardeur
A convertir une ame pécheresse ?
Soutiendrez-vous la chair dans sa foiblesse?
Par vous le simple ira-t-il au salut ?
D'un pur amour pairez-vous le tribut ?
Je le pairai , reprit la convertie ;
Pour le prochain je vous offre ma vie.
Pour un pécheur soins ne seront omis ,
S'il faut ainsi gagner le paradis.
Sans différer , éprouvez mon courage.
Lors présentant la pièce de ménage ,
Le père dit : venez , sainte brebis ,
Par des effets confirmer ce langage.
Si de la foi votre zèle est l'ouvrage ,
Dans ce fauteuil , l'esprit en oraison ,

D'ici , ma sœur , éloignez le démon.
Grande est l'enflure , et subtil le poison.
Ainsi le diable , ennemi de justice ,
A vos pasteurs cause par maléfice
En cet endroit forte convulsion ;
Faut que par fois cette chose mollisse.
Quand me verrez en vive émotion ,
Dites alors : le seigneur vous guérisse.
Si passera le traître Lucifer
Sous le fauteuil , retournant en enfer.
En bon succès se parfit l'exercice.
Zèle fut grand , charité n'y manqua.
Messire Imbert beaucoup mieux s'en porta.
Maints pères sont plus ardens à cela
Qu'à chanter messe , ou réciter l'office.

LA CLÉMENTINE.

On écoutez, vous , femmes inhabiles
A célébrer les doux jeux de Vénus ,
Et vous aussi , bachelettes nubiles ,
Si mes avis jà ne sont prévenus ;
Mais en tout cas, c'est à vous que s'adresse

Certaine bulle en ce point très expresse!
A Clément six l'Esprit-saint la dicta :
Car, comme on sait, c'est lui qui les inspire:
L'amour charmé lui-même l'adopta ;
Même l'on dit que ce Dieu la fait lire
Chaque Dimanche au prône de Paphos:
Quoi qu'il en soit , je vais en peu de mots
Conter d'où vient la réforme nouvelle.
Vous saurez donc qu'hymen sous sa cor—
         delle

Avoit , dit-on , attrapé depuis peu
Froide pucelle , et galant plein de feu.
C'est-là souvent des tours de l'hyménée.
Rien n'y plaignoit , et soir et matinée ,
L'époux nouveau, plus ardent qu'un tison,
Pour réchauffer la belle inanimée ;
Mais tous ses feux s'en alloient en fumée ,
Et sa moitié , plus froide qu'un glaçon ,
Ne s'en haussoit ni baissoit d'avantage.
Sans qu'elle prit nul part à l'ouvrage ,
Lui seul vaquoit à ce jeu qu'aisément ,
Sans le nommer , tout fin lecteur devine
Où le mari prend ordinairement
Toute la peine, où la femme un peu fine

Ne vaque bien qu'avec un tendre amant.
La mort enfin le mit au monument,
Et de façon vous troussa la pauvrette,
Qu'à ses côtés, dans la même couchette,
Son mari même ignoroit son destin.
Son ame étoit peut-être encore en route,
Quand, tourmenté du démon du matin,
Il s'éveilla : comme amour ne voit goutte,
Bref, le paillard rendit au pauvre corps
Autre devoir que le devoir des morts.
Froids habitans de la nuit ténébreuse,
Si les devoirs qu'on vous rend à la mort
Peuvent là-bas adoucir votre sort,
Ame jamais ne fut-elle plus heureuse ?
L'astre du jour, sortant du fond des eaux,
Vint pénétrer fenêtres et rideaux,
Et découvrit tout le nœud de l'affaire.
Pour peu qu'ayez d'imagination,
Devinerez ce qu'il put dire et faire.
Mais las ! sur-tout la profanation
Par lui commise envers la trépassée
Terriblement bourreloit sa pensée,
Si qu'il s'en fut, avant Pâques venu,
A son curé compter par le menu,

Qu'innocemment il avoit troublé l'ame
Et le repos de la défunte dame.
Pour tels forfaits mes pouvoirs sont trop
                              courts
Dit le pasteur : au pape ayez recours.
Il s'en fut donc à l'évêque de Rome.
Dieu sais comment il tança le pauvre
                              homme
Une autrefois, lui dit sa sainteté,
Ayez au cas un peu moins d'âpreté ;
La chose assez vaut bien qu'on y regarde,
Et de plus près enfin prenez-y garde,
Et n'allez plus aussi légèrement
Administrer un pareil sacrement.
D'un tel grief l'absoute coûta bonne :
Selon les cas on la vend, on la donne ;
Il l'eut enfin, et revint : mais avant,
Le conducteur de la sainte nacelle,
De maints pardons remplit son escarcelle,
Monnoie aussi courante que le vent ;
Puis assembla l'infaillible Collège.
Pour obvier à pareil sacrilège,
On y dressa bonne bulle de Dieu.
La Clémentine est son nom de baptême,
Comme l'on voit, du nom du pape même
                              Ore

Ores savez ce qui lui donna lieu.
La voici donc, besoin n'est d'apostille.
Nous ordonnons à toute femme ou fille,
Pucelle soit, ou qui ne le soit pas,
Si ne veut pas que l'on l'excommunie,
De remuer, donner signe de vie,
Quand vaqueront au prolifique cas;
Faute de quoi, fut-elle impératrice,
Sous tel prétexte ou cause que ce soit,
Nous relevons envers toutes infractrice,
Epoux, amans de tout amoureux droit.

L'EXÉCUTION.

Un Tonnelier devoit une somme d'ar-
              gent.
Son créancier, pour retirer sa dette,
Envoya chez cet homme un gros et gras
              sergent,
Très-habile sur-tout à faire maison nette.
Le Tonnelier étoit absent;
La femme fut mal-satisfaite
De se voir enlever nippes, linges, et lit;
Elle en témoigna son dépit.

Tome III.   F

La dame étoit très-joliette ,
Et le sergent d'un heureux appétit.
A quoi bon , lui dit-il, vous fâcher et vous
plaindre ?
Si vous voulez, vous n'avez rien à crain-
dre :
Je puis ici tout ce qu'il me plaira.
On trouve des sergens dont on peut tou-
cher l'ame ,
Et je suis de ce nombre-là.
Cédez au transport qui m'enflamme ;
Ne perdons pas le tems à disputer ,
Sinon, je vais vos meubles emporter.
La dame l'écouta, puis le laissa tout faire;
Car il falloit le satisfaire,
Ou bien voir tout mettre dehors.
Elle ne dit donc mot; et l'on dit que se taire
Est consentir : quoi qu'il en soit , alors
Le sergent eut lieu de le croire.
Mais pour ne point manquer à son exécu-
toire ,
D'abord il la saisit au corps ;
Et se met avec elle à discuter l'affaire ;
Mais si fort et long-tems que le pauvre mari
Vient et les trouve encor sur le mystere.

Ah ! maudite, dit-il, tu me trahit ainsi !
Je vais t'étrangler , misérable.
Elle, sans s'émouvoir , criant plus fort que
lui :
Paye ce que tu dois , paye de par le diable,
Et les sergens n'auront que faire ici.

LE ROI BOIT.

CINQ clercs un jour ayant pleine escar-
celle ,
Firent les rois, munis d'une pucelle ,
Quoique comptant déjà presque quinze ans.
Or , dans le tems qu'étoient impatiens
De faire un roi , l'un d'eux prit la novice.
Lui met la fève en ce lieu si vanté ,
Dont un enfant ignore l'exercice ;
Dont grandelette entend l'utilité ,
Et dont vieillotte en regrette l'usage.
Tu seras roi , dit-il , d'un grave ton.
Notre électeur , pour achever l'ouvrage ,
Du Dieu Priape y planta le bourdon.
Ce sceptre-ci t'est encor nécessaire ,

Dit-il. L'enfant galamment le reçoit,
Si que, sentant finir le doux mystère,
En se pâmant, s'écrie! ah! le roi boit.

L'AVEUGLE EN PRIÈRE.

Un jour auprès d'un aveugle en prière,
Au coin d'un bois, Jean du matin placé,
Mit bas Alix, gentille chambrière,
Et l'exploita sur le bord d'un fossé.
L'aveugle écoute, et d'un ton plus baissé,
Va marmotant l'*Ave* de Notre-Dame.
Ah! je me meurs, dit Alix, qui se pâme.
Moi, reprit Jean, jà je suis trépassé.
L'aveugle dit: Dieu veuille avoir votre ame,
  Et requiescat in pace.

LE CORDIER DE TOURS.

Permettez que je vous recorde,
Que dans votre place d'Aumont,
De bout en bout les cordiers font,
Du soir au matin, de la corde.

Quand on veut passer par-dessus,
Il faut sauter en diligence,
Ou bien attendre avec prudence
Que le rouet ne tourne plus.
Une dame des plus jolies
Parut hier des plus hardies,
Et donna, par vivacité,
Un trait de sa témérité.
En califourchonnant la corde,
Le rouet sans miséricorde
Fit que la corde entortilla
La frange de son falbala.
Aussi-tôt, (il n'est pas étrange,)
Elle eût gagné de frange en frange,
Et vous concevez que cela
Ourdissoit un joli mêlange.
La scène n'en resta pas là ;
Ne croyez pas que je la brode,
J'y reviens par un épisode.
Dans le tems jadis que les Dieux
S'employèrent, à qui mieux mieux,
A parfaire la gent femelle,
Chacun d'eux voulut lui donner.
Il plut à la mère Cybèle

D'une double langue l'orner.
L'une servoit, ainsi qu'à l'homme,
A discourir ; et l'on sait comme
Elle mit à profit ce don :
Mais l'autre au contraire, dit-on,
Ne parloit que dans les extases,
Et disoit que ces deux phrases :
Courage, allons, de la vigueur,
Ou bien, *attends-moi donc, mon cœur.*
Bientôt les femmes abusèrent
De cette langue, et trop parlèrent,
Ne pouvant, devant comme après,
S'empêcher de conter leurs faits,
Et toutes les belles merveilles
Qui s'opéroient dans son contour.
On savoit les secrets d'amour ;
Car les pavés ont des oreilles.
Il arriva donc qu'un beau jour
Les Dieux, pour punir l'indiscrette,
La firent à jamais muette,
En la dédommageant d'ailleurs.
J'ai lu dans quelques vieux auteurs,
Que cette parole interdite,
Par métempsicose subite,

Fut donnée à certain berger
Que l'on étoit près de changer ,
Parce que le sot n'osoit dire
L'excès de son tendre martyre ;
Ce qui rébuta son Iris.
On nommoit ce berger Cloris.
Mais je tiens ce récit pour fable ,
Croyant qu'il est plus vraisemblable
Que l'autre langue profita
Du don de parler qu'on ôta
A la babillarde récluse.
C'est ce qui peut servir d'excuse
Au parlotage féminin.
Mais reprenons ici la fin
De notre histoire commencée.
La dame imprudemment passée ,
Que la roue en ondes tressoit ,
S'agitoit et se trémoussoit ,
Criant, heurlant comme un beau diable,
Les uns plaignoient la misérable ,
Et son tiraillement affreux.
D'autres femmes , d'un air joyeux ,
S'entredisoient , sans trop la plaindre :
J'y serois un jour sans rien craindre.

Voici quelque chose de plus:
La recluse de ci-dessus,
S'incorporant dans la ficelle,
Se mit à tourner avec elle,
Et fit la corde, en un éclair,
Blanche, noire, et couleur de chair.
Jugez de l'état déplorable
Où le beau sexe s'est trouvé.
Si cela me fût arrivé,
Le cordier auroit fait un cable.

LE PAIN A LA MAIN.

PIERRE, parmi les domestiques,
La grosse Jacquine conquit,
Et de leurs secrettes pratiques
Un beau petit poupon naquit.
On ne chassa que le complice;
La fille de pitié toucha.
Bien plus, elle devint nourrice
D'un fils dont madame accoucha.
Quelle prompte métamorphose !
Jacquine eut son appartement,

Un bel habit couleur de rose,
Et le complet ajuftement.
Un jour en pompeux équipage
Promenant son cher nourrisson,
Pierre se trouve en son passage.
Elle descend, et sans façon,
Dans ses bras tendrement le serre.
J'aurois le cœur bien inhumain,
Si j'oubliois que c'est toi, Pierre,
Qui m'a mis le pain à la main.

LA LINOTE DE MISSISSIPI.

CERTAIN gascon, docteur subtil
Dans la sorbonne de Cythère,
Raisonnant pourtant de droit fil,
Ce qui chez les savans n'est pas fort ordi-
naire,
Après avoir long-tems argumenté,
Et convaincu mainte beauté,
Que sa doctrine étoit fort saine,
Chez l'hymen, à son tour, de sa capacité
Voulut donner preuve certaine.

Pour sa femme, il choisit une Agnès de
quinze ans,
Bien dressée à fuir les galans.
Notre Agnès se nommoit Thérèse,
Et notre docteur Alcidas.
Thérèse étoit fort simple, et même hors de
cas
Dont nature, en naissant, instruit la plus
niaise.
Voilà ce qu'il faut aux docteurs.
Ils aiment à combattre et dompter l'igno-
rance,
Charmés, quand, par leurs soins et d'assi-
dus labeurs,
Ils ont dans quelque belle inculpé la science.
Ils n'y plaignent pas la façon;
Mais plus ils montrent d'art, moins on en
fait paroître.
Ils vous savent donner leçon
A qui pourroit être leur maître.
Ainsi ne rencontra notre docteur gascon,
Dans l'aimable et simple Thérèse.
Il goûta le plaisir de voir à ce tendron
Soutenir sa première thèse.
L'écoliere, bien-tôt ardente à discuter,
Mieux que son maître, sut pousser le syl-
logisme;

Sous les bancs de Paphos,faut-il argumen-
ter ?

Le sexe nous terrasse en ce doux ergotisme.

Thérèse cependant, plus simple que jamais,

Confondant son docteur , sans dire une
parole,

Après mille argumens , par elle fort bien
faits ,

Ne savoit pas encor les termes de l'école.

Une nuit l'innocente embrassant son époux,

(Qu'une Agnès s'enhardit en cet instant
si doux !)

Mon cher, apprends-moi , lui dit-elle,

Comme l'on nomme... là... ce que je tiens...
Ma foi ,

Il n'est pas trop besoin d'expliquer mieux,
je croi ,

Où touchoit la main de la belle.

Oh! répondit-il en riant,

C'est un oiseau rare et friand ,

Une incomparable Linote.

Cela vient de Mississipi ,

J'en ai seul , dans ce pays-ci.

Conservons-le donc bien , lui répondit Thérèse.

Le conseil étoit bon, le mari le goûta.

Au bout d'un mois d'hymen, on est souvent bien aise

D'avoir à voyager. Alcidas se hâta

D'apprêter sa valise ; il survint une affaire

Dans un bourg éloigné; course très-néces-
saire,

　　　Ainsi du moins le protesta

Le gascon qui n'avoit gasconné jusques-là.

　　Mais hélas ! ô foiblesse humaine !

　　Le jeune comme le vieillard,

Triche au jeu de l'amour ; il faut, dans son
domaine,

　　　Devenir gascon tôt ou tard.

Alcidas nous le prouve. Adieu, dit-il, ma
bonne,

En reprenant enfin le ton de la garonne ;

Je reviendrai bien-tôt. Eh ! quoi, vous
me quittez!

Interrompit Thérèse : Alcidas, vous partez!

Ah ! du moins, laissez-moi votre chère
Linote.

　　　Alcidas, enchanté

　　　De sa naïveté,

Regarde, en se louant, la belle qui san-
glote,

　　Et croit son front en sureté.

Thérèse,

Thérèse, allez, dit-il, que rien ne vous al-
larme :

Je vous le laisserai, cet oiseau qui vous
charme,

Et dans mon cabinet je m'en vais le serrer.

Il la quitte à ces mots. La voisine empressée,

De tout aimant à s'ingérer,

Pour consoler la pauvre délaissée,

La mene à sa maison, et jusques à la nuit

L'entretient gravement d'une mode nouvelle :

L'époux de la voisine après la reconduit.

Thérèse, en arrivant chez elle,

Au cabinet vole d'abord ;

Le bon voisin la suit et porte la chandelle.

Que cherchez-vous, dit-il, et quel est ce
transport ?

Sans l'écouter, la pauvrette s'écrie :

Quoi ! je vous ai perdue ! ah ! Linote chérie !

Linote, mon plus cher souci !

Linote unique ! hélas ! mais fouillons tout
ici.

Dans quelque coin peut-être elle est cachée.

Thérèse va, revient, et par le mouvement

Sa gorgerette détachée
Livre aux yeux du voisin un sein ferme et
                                        charmant.
De-là , sur un placet perchée ,
La jupe , en descendant , s'accroche , et
                                    laisse voir
Une jambe fine et bien faite.
Le voisin de lorgner et de conter fleurette.
Le compère n'étoit trop long à s'émouvoir ,
Quand il trouvoit gentille bachelette.
Thérèse , après cent tours , sous la table
                                        chercha ,
Et fit en se baissant tomber sa gorgerette.
Le lorgneur de plus près à l'instant s'ap-
                                        procha ,
Et commençant un badinage
Que dans le chagrin même un tendron ne
                                    hait pas ,
Par hasard il fit un faux pas
Qui , tournant à son avantage ,
De la Linote ouvrit la cage.
Il étoit en   Linote aussi bien qu'Alcidas.
Thérèse l'apperçoit , et tout-à-coup la belle
Se jette , en faisant un grand cri ,
Sur l'oiseau de Mississipi.
Ah ! je te reconnois ; ah ! je te tiens , dit-elle.

Je ne té perdrai plus ; quel plaisir ! quel
bonheur !
C'est-là de mon époux la Linote fidelle.
Le voisin complaisant la laissa dans l'erreur.

ORIGINE DU PROVERBE

DE LA CHAPE A L'ÉVÉQUE.

Au tems où l'église au bercean ,
Récelant de la foi l'inviolable *sceau* ,
Des saintes vérités sage dépositaire ,
Du culte de son Dieu s'occupoit toute en-
tière :
Elle avoit aussi des pasteurs ,
De qui la charité discrète et salutaire
Des fragiles brebis excusoit les erreurs.
En procession solemnelle ,
Avint qu'un jour conduisant son trou-
peau ,
Un saint prélat, sous le pont d'un ruisseau,
Apperçut gars et fraîche jouvencelle ,
Qui lors faisoient l'office de Vénus.
Pas ne voulut troubler leur *oremus*.

G 2

C'eût été faire un honteux étalage

Du scandaleux libertinage,

Que détourner de ce côté

Les yeux de sa troupe fidelle.

Voyez ici l'effet d'un charitable zèle !

Le secourable chef, du chemin écarté,

Sa chape détache et déploie,

En couvre nos jeunes amans,

Saintement les rassure, et de qui l'a dedans,

Dit-il, elle sera la proie.

Après les amoureux débats,

Sur ces mots captieux, naissent maints al-

tercas:

La chape, dit le gars, de droit m'est dé-

volue;

Je la donne à qui l'a dedans....

C'est aussi comme je l'entends :

Par la loi de nature elle m'est plutôt due,

Repartit la Donzelle. Eh ! ne l'avois-je pas,

Lorsque vers nous il a conduit ses pas ?

Ceci ne doit passer pour fait imaginaire :

En plus d'un tribunal on vit traîner l'affaire.

Les plus éclairés magistrats

N'osèrent prononcer sentence sur le cas.

En proverbe on tourna cette cause dou-
teuse,
Que même Salomon eût trouvée épineuse.

LE CAVALIER PRÉSOMPTUEUX.

UN cavalier présomptueux,
Jeune, bien fait, franc petit-maître,
Ne pouvant plus cacher ses feux,
Veut enfin les faire paroître.
Avant midi, d'un air aisé,
Il va trouver à sa toilette
L'objet dont il est embrâsé.
La belle dame étoit coquette,
Et crut qu'il falloit recevoir,
Quoique pour première visite,
Le beau fils qui venoit la voir.
Le voilà qui la félicite,
La complimente, et va disant
Tout ce que dit la politesse
Dans la bouche d'un complaisant.
Mais bien-tôt, de la gentillesse,
Il passe aux discours sérieux.
Les femmes s'étoient retirées;

G 3

Il en profite de son mieux ,
Lui fait des promesses outrées ,
Et des sermens à l'infini.
A ses genoux il se prosterne ,
Et lui montre qu'il est muni
D'un excellent mérite externe.
Que faire en un pareil embarras ?
Voilà la dame fort en peine.
Pour sortir de ce mauvais pas ,
En femme offensée et hautaine ,
Appellera-t-elle au secours ,
Et dans une prompte vengeance
Mettra-t-elle tout son recours ?
Non : elle agit avec prudence :
Sa boîte à mouches elle prit ,
En choisit une convenable ,
Et tranquillement en couvrit
Le bout du nez du petit diable.
Monsieur , dit-elle froidement ,
Je vous pardonne l'équipée.
Adieu , la gentille poupée ;
Il vous manquoit cet ornement.

LES CHEVEUX.

LA jeune Alix, un jour de Dieu,
Je ne sais par quelle aventure,
Ayant voulu jouer à certain jeu,
Il lui fallut bientôt allonger sa ceinture.
Comment ! lui dit certain plaisant,
Qui vous a fait si belle affaire ?
Et qui diable est donc l'ignorant
Qui n'a pas fait à cet enfant
Tout ce qu'il auroit dû lui faire ?
Puis sur le champ s'offrit à le parfaire.
Non, répondit Alix à cet officieux.
Il me faut ouvrier qui travaille des mieux.
Vous prenez trop de soin, et cette affaire
est nôtre.
Il n'y manque que les cheveux ;
Mais sachez, monsieur, que je veux
Qu'on les plante l'un après l'autre.

LE MAGNIFICAT.

A DEUX heures de relevée,
Après bonne digestion,
Mère Anne veut donner au père Hilarion
Certaine manière élevée.
Mais voyant que ses yeux, ses discours &
ses mains
Ne faisoient que des efforts vains,
La voilà qui jure et qui gronde.
Je n'ai plus de ressource, en ton piteux état,
Que d'entonner, dit-elle, un grand *Magni-*
ficat ;
Car il fait lever tout le monde.

LE GOUTTEUX.

D ANS un fauteuil un goutteux étendu
Avoit l'œil vif et la couleur vermeille,
Comme ils l'ont tous ; car le mal descendu
Fait que le haut se comporte à merveille.
Vient un notaire avec un acte en main,

Pour qu'il signât. Ah ! s'écria l'infirme,
Je ne saurois : voyez mes doigts, en vain
L'essairoient-ils ; ce gros *nodus* confirme,
Quant à présent, leur incapacité.
Je reviendrai, répond le garde-note ;
Or adieu donc. Mon cher, par charité,
Venez à moi : j'ai cette vieille sotte
Pour me garder, qui seul m'a laissé là,
Sans demander si j'avois besoin d'elle ?
Eh ! bien, monsieur, que faut-il ? me voilà,
Dites. Pardon, cherchez dans la ruelle
Mon urinal, et mettez-moi pisser.
De bonne grace il lui rend cet office.
Mais le notaire étant prêt à cesser,
L'impotent dit : Frère, encore un service.

LE BON NATUREL.

Un gros brutal faisoit froid à sa femme ;
Je ne sais pas quelle étoit sa raison.
Ce que je sais, c'est que la bonne dame
Aimoit assez la paix dans la maison.
Vint une nuit, où la chaleur extrême

Fit qu'en dormant elle étendit sa main,
Qui, par hasard, tomba sur l'endroit même
Dont la sévroit son époux inhumain.
Dans ce moment vous jugez bien peut-être,
Qu'au seul toucher le drôle s'éveilla :
Pauvre animal ! s'écria-t-elle, il a
Du naturel beaucoup plus que son maître.

LES CHAUSSONS.

JE sais une femme galante,
Qui se tira d'un mauvais pas
D'une manière fort plaisante,
Que vous ne devineriez pas.
Son pauvre mari qui se blouse
Sur l'amour que l'on a pour lui,
Attendant un soir son épouse,
Dans son lit languissoit d'ennui.
Ce fut au lever de l'aurore
Que, de revenir se hâtant,
Besogne de nuit elle arbore,
Et se déshabille à l'instant.
Sa femme-de-chambre étonnée

De ce qu'il lui manque un chausson,
A le retrouver obstinée,
Déjà lâchoit un maudisson.
Va, ne cherche pas davantage,
Il ne te seras pas rendu :
Je sors, dit-elle, d'un pillage
Où sans doute je l'ai perdu.
La presse au bal étoit si grande,
On est sorti si délabré,
Qu'à moi-même je me demande
Comment l'autre m'est demeuré.
Mais l'étonnement se redouble,
Et voici bien un autre cas :
Perrichon tire un chausson double
Dans le fond de son autre bas.
Madame, c'est bien là le vôtre.
Tant mieux, j'aime tant à danser
Qu'il est sauté d'un pied sur l'autre,
A force de me trémousser.
Femme habile, en défaut de surprise,
De peur d'être poussée à bout,
Doit plutôt dire une sottise,
Que de ne rien dire du tout.

T'Y VOILA DONC!

JE suis encor comme si le faisois.
Un jour avint qu'adroitement j'usois
De mainte ruse aux pieds de mon amie,
Que je trouvai par hasard endormie
Dans un fauteuil. Elle m'aimoit assez,
Je l'adorois, et deux hivers passés
Bien humblement en très-zélé novice
Devoient hâter l'heure du sacrifice.
Je la mis donc précisément au point
De le vouloir ou ne le vouloir point;
Quand, pour calmer l'incommode murmure
De la raison, la voilà qui s'assure
De mes deux mains, après avoir couvert
D'un mouchoir double un embonpoint
         qui sert
A mettre en train, répétant : soyez sage,
Aimons-nous bien, mais point de badinage.
Quoi ! répondis-je, un baiser sur les yeux
Me rendroit-il haïssable, odieux ? . . .
Quand j'irois même expliquer bouche à
          bouche
         Mes

Mes sentimens, feriez-vous la farouche ?
Bon, pour les yeux, et pour la bouche aussi,
Répliqua-t-elle ; ils sont à la merci
De ton amour ; mais du reste je compte
Que ne voudrois t'exposer à la honte
D'être à jamais de ma maison banni.
Pas ne ferai. Ciel ! que je sois puni
De mille morts, si j'en prends davantage,
Sans votre aveu ; je m'en tiens au visage ;
Encor c'est trop. Alors me redressant
Sur mes ergots, d'un air reconnoissant
Je m'élançai sur ses lèvres vermeilles,
Brûlant d'ardeur, travaillant à merveilles
Des deux genoux ; car insensiblement
Jupe et jupon, et je ne sais comment,
Chemise aussi rebroussant vers la tête,
Sembloient vouloir être aussi de la fête.
Pour pallier mon amoureux dessein,
Je demandois un baiser sur le sein,
Pour dernier gage : elle de se défendre
Fit de son mieux, moi de le vouloir prendre
Je m'efforçois, en tirant du cahot,
Avec le nez, vicaire du manchot,
Ses blancs tettons, me disant en moi-même:

Elle est rusée , hélas ! mon stratagême
N'ira pas loin. En effet la frayeur
De son courroux me saisissoit le cœur ;
Et j'étois prêt à quitter la partie ,
Quand je sentis qu'en toute modestie ,
Sans me parler , sans même ciller l'œil ,
Elle glissoit sur le bord du fauteuil ,
Tenant toujours mes mains entre les siennes.
J'en enrageois: les cloisons mitoyennes ,
De mon côté, préparoient l'horloger
A profiter de l'heure du berger ;
Mais mon amour aussi-tôt, sans miracle
Fit un effort qui rompit tout obstacle.
Je m'échaffaude , et pour cacher mon jeu
De nos deux yeux je confondis le feu ,
En mariant prunelle avec prunelle.
J'étois au but, quand tout-à-coup la belle,
Qui jusques-là n'avoit point consenti
Qu'*incognitò* , prit enfin son parti ,
Donnant l'essor à mes mains prisonnières
Tête penchée , et fermant les paupières ,
Elle me dit , d'un ton de voix perclus:
T'Y VOILA DONC ! et puis ne parla plus.
Jamais ne fût , je crois , dans la nature

Expression si propre à la facture
Que celle-là. Depuis ce tems cent fois ,
Cent fois ! que dis-je ? Il est par trop bour-
                                    geois ,
 Un tel calcul , mille fois , mille encore ,
T'Y VOILA DONC ! au lever de l'aurore ,
M'a réveillé : même en ce moment-ci
J'en sens l'effet , et vous peut-être aussi.
Mais Cupidon , piqué de jalousie ,
Que ces mots seuls , cette phrase choisie
Eût le pouvoir en tous lieux , en tout tems ,
Sans son secours , d'évertuer mes sens ,
D'un air railleur, pour me punir sans doute,
De grand matin m'a dépeint la déroute
De mes plaisirs. L'autre mois , à Paris ,
Tenant ton rang parmi les beaux esprits ,
Tu te voyois, m'a-t-il dit , presqu'à même
Des grands seigneurs et près du diadême.
De langue en langue enfin sont parvenus
Les vers naïfs de ton Philotanus.
Assis à table auprès d'une duchesse,
Tu te livrois chaque jour à l'ivresse
Des vins exquis que te versoit sa main.
A sa toilette admis le lendemain ,

H 2

D'un air coquet et d'un œillade avide ,
Tu lui disois ce qu'auroit dit Ovide.
De l'amour-propre où de la volupté ,
Lequel des deux s'est le plus contenté
Dans ton voyage ? ... Or sus , dans ta pro-
vince

Ratatiné , tu fais d'un repas mince
Ton passe-tems , avec quelque bigot
De ton chapitre ; un malotru gigot
Fait ta pitance , et redevenu sobre ,
Tu bois , fâché , ton petit jus d'octobre.
Où sont tes ducs , et leurs appartemens
D'or et d'azur , et leurs beaux traitemens
Ces bons accueils dont tu faisois trophée
Sont disparus comme un conte de Fée.
Pauvre chanoine , en un cloître réduit ,
T'Y VOILA DONC ! Cette phrase au dédui
T'excite-t-elle ? ingrat, que je m'en moque
T'Y VOILA DONC reclus dans ta bicoque !
Eh ! bien , j'y suis, ai-je répondu net ,
Et n'en mettrai de travers mon bonnet.
J'ai des amis , je suis dans leur mémoire
Leur amitié fait ma joie et ma gloire ,
De leurs bienfaits le récent souvenir

Me flatte plus que le bien à venir.
Je croirois bien que parmi la légende
Des hauts hupés qui m'ont mis la guirlande,
Et prodigué leurs applaudissemens ,
Quelques-uns sont sujets à faux-sermens.
Mais quand j'aurois tout au plus trois ou
                                    quatre
Amis loyaux , c'est assez pour rabattre
Ton fier caquet. Quand je n'en aurois qu'un,
Il suffiroit. Or certe il est quelqu'un ,
Dont je suis sûr , que je tiens dans ma
                                    manche.
Et plût à toi que la belle main blanche
De son épouse , en termes aussi clairs ,
Voulût écrire et couronner mes vers !
De cet ami, tiens, voilà les largesses :
Il vaut tout seul six ducs et trois du-
                                    chesses ,
Et son tabac à chaque instant du jour
Me joint à lui par un acte d'amour.

LA SÉDITION APPAISÉE.

Dans une ville de Neustrie ,
Une extrême famine étoit:

Tou:e la province en furie
Contre son Intendant pestoit.
On crioit que c'étoit sa faute,
Qu'il avoit resserré le grain,
Que, sans payer grosse maltôte,
On n'en pouvoit avoir un grain.
Un monde innombrable en allarmes,
Sans vouloir entendre raison,
s'attroupe, s'émeut, prend les armes,
Et vient investir sa maison.
De la pétulante canaille
Les esprits étoient animés;
Et déjà les brandons de paille
Aux quatre coins sont allumés.
Que faire en ce pressant orage,
Que de dire son *Requiem?*
Point du tout : le préteur, plus sage,
Tenta *Si fortè verum quem....*
Si paroît donc, il se présente.
Mes enfans, dit-il, me voici;
Quel est le démon qui vous tente
A vous désespérer ainsi?
Approchez avec confiance,
Pauvres gens qui mourez de faim;

Vous verrez que c'est médisance
Que je vous veuille ôter le pain.
Mais je crois qu'il est raisonnable
Qu'aux plus utiles à l'État
Je sois le plutôt secourable :
Commençons par faire un état,
Vous , madame la famélique ,
Combien nourrissez-vous d'enfans ;
Sans vous compter ? elle replique :
Nous sommes douze sur les dents.
Écrivez six pains , secrétaire.
Et vous,ça, combien ? J'en ai six,
Mettez, trois. Vous? quatre. Une paire.
Vous? un. Ce n'est guère : un pain bis.
Pour vous , femme robuste et grande.
Vous n'en avez pas pour si peu ?
Pardon, monsieur, je vous demande ;
Je suis fille. Fille , morbleu !
N'avez-vous point honte , idiote ?
Pucelle à l'âge où vous voilà !
Hors d'ici sans pain , grande sotte ;
Mais j'ai pitié , couchez-vous là ,
Je veux bien vous sauver la vie.
Aussi-tôt dit , aussi-tôt fait ;

Le préteur passa son envie ,
Et fit à l'état un sujet.
Le peuple quitta la partie ,
En voyant cette invention ,
Et , s'enfuyant par modestie ,
Mit fin à la sédition.
Depuis cette charmante voie
D'appaiser de tels accidens ,
Sa majesté ne nous envoie
Que de très-jeunes intendans.

L'IN EXITU.

Eh ! bien , mignonne , que veux-tu ?
Nous voici dans l'*in exitu*.
A l'amour j'en ai porté plainte ,
Disant que , jouissance éteinte ,
Le reste vaut moins qu'un fétu.
Lors me voyant l'air abattu ,
Et l'ame de tristesse atteinte ,
M'a repliqué l'enfant têtu :
Console-toi. Que la contrainte
Est une excellente vertu !
C'est elle qui bannit la crainte

Qu'on a d'une tendresse feinte ;
Elle en fait la preuve in-promptu.
D'ailleurs , tu vois souvent Aminte ;
Et reçois quelque *defructu.*
Mais sur moi ce discours tortu
N'a pas fait une grande empreinte.
Par cet autre il m'a mieux battu :
Qui depuis long-tems n'a mordu ,
Quand il mord , fait meilleur étreinte.

L'ÉCUSSONNADE.

GRAND merci mon ami Morphée ,
D'avoir su mettre entre mes bras ,
Plus habilement qu'une fée ,
Iris avec tous ses appas.
Jamais Vénus ne fut plus belle :
Combien de roses et de lys ,
Que les amours avoient cueillis ,
Pour répandre à l'envi sur elle !
Je l'ai vue , en dépit des Dieux ,
Plus tremblante qu'une victime ,
Arrêter sur moi ses beaux yeux ,

Mêlés d'innocence et de crime.
A pas comptés , à petit bruit ,
Avec l'Aurore elle est venue
Se glisser craintive en mon lit ,
Je n'ose dire , presque nue.
Je crois , Lindor , m'a-t-elle dit ,
Que ma sagesse t'est connue ,
Je ne cherche que ton esprit :
Si tu manquois de retenue ,
Tu me ferois un grand dépit.
Aussi-tôt la pauvre ingénue ,
De mes draps , comme d'une nue ,
Très-modestement se couvrit.
Que j'aimerois , commença-t-elle ,
A parler de tout comme toi !
Dans tes entretiens j'appeçoi
Une façon toujours nouvelle.
C'est un certain je ne sais quoi ,
Qui dans le discours étincelle ,
Et qui , comme article de foi ,
Feroit croire une bagatelle.
C'est-là ton art , apprends-le-moi.
Ah ! très-volontiers , ma mignonne ,
Lui repliquai-je fort content.

Cet art , la nature le donne :
Mais je puis t'en donner autant.
Prête-moi ta langue un instant ,
Pour que la mienne l'écussonne.
On ne parle bien qu'en s'entant
Sur la langue d'une personne
Qu'on croit parler éloquemment.
Elle me crut tout bonnement ,
La chère petite moutonne !
En effet , je la greffai tant ,
Que la voilà qui s'abandonne
A cet inconnu mouvement.
Mais , la parole lui manquant ,
Une œillade vive m'ordonne
D'enfoncer l'ente plus avant.
Elle s'étend , elle frissonne ,
Et m'embrasse si tendrement ,
Que , sans pouvoir conter comment ,
L'Amour survient , qui me couronne
Des myrthes d'un heureux amant.
Tu nous vis , reine de Cythère ,
Satisfaite de tous les deux ;
Tu présidois au grand mystère
Où se brûloient les plus beaux feux.

T'en souvient-il, quand ma bergere,
Au fort des élans amoureux,
Me dit, d'un air dévòtieux,
Arrête un moment, il éclaire !
T'en souvient-il encore mieux
Quand..,. Mais hélas! quelle chimère
Éveillé, j'ouvre de grands yeux.
Qu'à fait Lindor victorieux ?
Il n'a rien fait que de l'eau claire,
Et son esprit visionnaire
N'a fait qu'un rêve officieux,
Qui de la vérité diffère,
Comme la terre fait des cieux.

LE MÉDECIN BANNAL.

CONTRE la mort sœur Alix batailloit:
Bon cœur avoit, mais le corps défailloit
Faute de suc. Or, adieu la voiture,
Dit gravement un docte Médecin :
Grand est le mal, subtil est le venin.
Maints elixirs, pour aider la nature,
Sont ordonnés, pilules, cordiaux,
Décoctions, extraits de minéraux.

Rien

Rien ne servoient drogues d'apothicaire ;
Alix mouroit, on la saigne aux deux bras :
Alix mouroit, on lui donne un clistère :
Tout aussi peu. Je ne m'y connois pas ,
Dit le docteur , et soudain désespère ,
Pinçant sa barbe , et reculant trois pas.
Vint un second qui n'en sut davantage ,
Hors que nommoit force maux en latin ,
Signoit arrêts en inconnu langage.
Des deux aucun du mal ne sut le fin.
Un tiers venu d'heureuse expérience ,
Dit : *Recipe* le rameau de science ,
Tenez-le bien , et ne lâchez la main ;
Puis le placez.... (vous savez tout le train)
A tant qu'ayez de bon suc abondance :
Ainsi vivrez par le rameau vital.
Mieux n'eût parlé le divin Esculape ;
Hippocrates mieux n'eût connu le mal.
Sœur Alix mord aussi-tôt à la grape ,
Et du rameau tire un suc pectoral.
Quantùm satis , on augmenta la dose :
Chaque nonnain voulut savoir la chose ,
Et le docteur fut médecin bannal.

LE CURÉ VIOLON.

Un évêque avoit défendu,
Vers le mois d'août, tems des vacances,
De faire au village des danses ;
Ce qui mettoit au dépourvu
Tous les paroissiens le Dimanche.
Plus l'on s'oppose, et plus l'on penche
Vers l'objet qui fait notre attrait.
Sur ce, certain curé discret
Dit : enfans, point de remontrances.
Monseigneur a fait ces défenses
De danser après le sermon,
Disant que les irrévérences,
Que causent les danses en rond,
Autorisent fille et garçon
A prendre certaines licences.
Il pourroit bien avoir raison.
Mais pour que rien, à l'apparence,
Ne donne au prélat de soupçon,
Et pour éviter toute offense,
Dansez ensemble en ma présence,
Et je joûrai du violon.

LA GAGEURE.

Gage un écu ; je mets le double ;
Que tu ne me dis pas pourquoi
Toutes les femmes pissent trouble,
Disoit au médecin du Roi
Une dame alerte et gaillarde.
Le disciple de Galien
Avec surprise la regarde,
Et ne pouvoit répondre rien.
Va, ne cherche point, c'est folie :
Mais apprends de moi le secret.
Tonneau percé près de la lie
Me donne point de vin clairet.

LES BONNES RELIGIEUSES.

Jadis logeoit près d'un couvent femelle
Certain quidam friand d'un tel gibier,
Et chaque nuit il voyoit sans chandelle,
Par l'huis secret entrer maint cordelier.
Si faut-il bien, dit-il, de cette porte

Tâter aussi. Pour ce , mit une nuit
L'habit claustral , et parmi la cohorte ,
Dessous le froc , fut d'abord introduit.
Or il n'entroit qu'autant de béats pères
Qu'elles étoient de révérendes mères.
Fixe en étoit le nombre au rendez-vous.
Chacun trouvoit toujours même monture,
Et là , par rang , ils se pourvoyoient tous.
Avint qu'enfin père Bonaventure
Ne trouvant point de gîte : ouais ! qu'est
                                   ceci ,
     Dit-il ? Puis le long de la salle
S'en va tâtant, et trouva tout rempli.
Tout étoit double , et d'une ardeur égale
Tous travailloient en fils de saint François.
Alte-là, dit le moine, en élevant sa voix ;
Il est ici du mécompte , mes pères.
Mais de ce bruit nos moines peu distraits
Crièrent tous , sans quitter leurs affaires :
Allons toujours , nous compterons après.

L'ABBÉ DE LIGNERAC,

ET MADAME DE LA FEUILLADE.

EH! quoi! l'abbé, dans la fleur de votre
âge!
Quoi! déjà saint! pour l'amour quel dom-
mage!
Moi, lui dit-il, je ne mérite pas
Ce titre illustre, et ne demande, hélas!
Qu'en paradis, et derrière la porte,
Être valet de quelque bienheureux....
Du saint, mon cher, on diroit dans les
cieux,
Il l'a très-beau; mais son valet le porte.

LE SELLIER D'AMBOISE.

CONSIDÉREZ un peu Clitandre et sa con-
duite;
Il parle de sa femme en véritable amaut.
Il l'aime, n'aime qu'elle, il l'aime éperdue-
ment:
On en jureroit, et pourtant

I 3

Cet homme n'est qu'un hypocrite.
Dans Amboise étoit un sellier
Servant la reine de Navarre ;
Il se nommoit Bourihaudier.
Ce nom paroît assez bizarre ;
Quoi qu'il en soit , bisarre ou non ,
C'étoit son nom.
Son visage empourpré l'annonçoit sans
feintise ,
Et l'on connoissoit aisément ,
A le regarder seulement ,
Qu'il alloit bien plus fréquemment
A la taverne qu'à l'église.
La femme qu'il avoit conduisoit sagement
Ses enfans , son petit ménage ,
Et lui, persuadé qu'elle étoit bonne et sage,
Lui laissoit le gouvernement.
C'étoit au fond un homme très-commo-
de ;
Il ne s'embarrassoit de rien.
Pourvu qu'on le laissât vivre et boire à sa
mode ,
Il trouvoit que tout alloit bien.
Un jour on lui donna la fâcheuse nouvelle
De sa femme malade, en danger d'en mou-
rir.

Il part bien affligé pour se rendre auprès
         d'elle,
  Et tâcher de la secourir.
Il arrive, et déjà, ne sachant plus que faire,
  Son médecin ordinaire
  N'étant plus là nécessaire,
  Avoit fait place au confesseur.
Quel renouvellement de cris et de douleur!
  Il paroissoit aussi sensible
    Qu'il est possible,
    A ce malheur.
Il rendit à sa femme, en mari bon et tendre,
  Les services qu'il put lui rendre.
  Enfin se voyant aux abois,
  Sa femme demanda la croix,
  Qu'avec ardeur on lui vit prendre
  Comme un excellent passeport.
Notre homme, à cet objet, se tourmenta si
         fort,
  Que c'étoit pitié de l'entendre;
  Il s'arrachoit la barbe et les cheveux.
Hélas! dit-il, hélas! je perds ma chère
         femme;
Que puis-je devenir, moi, pauvre mal‑
        heureux!
  C'étoit mon tout, c'étoit mon ame:

Et mille autres regrets piteux.
Enfin le monde de la ville,
Dont la présence étoit désormais inutile,
Insensiblement s'écoula.
Il ne demeura plus dans cette chambre-là,
Que le Sellier, et la jeune servante,
Belle assez, assez prévenante.
Le bon homme voyant cela,
D'une voix basse l'appella.
Tü vois, dit-il, quelle est la profonde tris-
tesse
Que me cause la mort de ta pauvre maî-
tresse;
Cette perte est pour moi le plus grand des
malheurs
Elle se meurt, et je me meurs;
Je ne sais que faire ni dire,
Si ce n'est qu'avant que j'expire,
Je veux te conjurer d'avoir la charité
De prendre soin de mon petit ménage:
Voilà les clefs, fais-en selon ta volonté.
Pour moi, je ne saurois m'en mêler da-
vantage.
Pour plus prendre aucun soin, j'ai le cœur
trop serré:
Je suis mort, je suis enterré.

La pauvrette , qu'alors un tel discours pé-
nètre ,
Voulut consoler son bon maître.
Non , dit-il , je n'écoute rien ,
Je n'entends rien, c'en est fait de ma vie.
Approche toi, joins ton visage au mien ;
Par sa froideur tu connoîtras , ma vie ,
Que c'est la froideur de la mort.
Elle s'approche , et lui d'abord ,
Tout affligé que je représente ,
Mit la main dans le sein de la jeune ser-
vante.
Il faut tout dire; elle fit quelqu'effort
Pour résister. A cela ne s'arrête
Notre sellier ; il l'enlève et la jette
Brusquement sur un lit , l'embrasse par
trois fois.
Mais voici qui troubla la fête.
La pauvre malade aux abois
Étoit seule , et n'avoit pour toute com-
pagnie
Que l'eau bénite et que la croix.
Depuis trois jours à l'agonie ,
Elle n'avoit ni mouvement , ni voix ;
Mais voyant la cérémonie ,

(Miracle de la jalousie !)
Elle s'écria tout soudain
D'une voix de malade , et pourtant assez
forte :
Je ne suis pas encore morte.
Puis les menaçant de la main :
Quoi ! dit-elle , à mes yeux en user de la
sorte ?
Traître , voleur , méchant , vilain ,
Je ne suis pas encore morte.
De nos gens sur le lit quel fut l'étonne-
ment ,
A cette voix inatendue !
Bourihaudier confus, la servante éperdue ,
Se levèrent diligemment.
Ce n'est pas tout : l'ardeur de la colère
A la malade fut tout-à-fait salutaire ;
Elle fondit l'humidité
De son *caterrhe* ;
Enfin elle reprit sa première santé :
Miracle de la jalousie !
Depuis , tout le tems de sa vie ,
De cet évènement elle eut l'esprit aigri ,
Et reprocha toujours à son mari
Son peu d'amour pour elle , et son hypo-
crisie.

LE GUÉRISSEUR DE JAUNISSE.

Un égrillard de basse Normandie,
Madré plaideur, mais friand de tendrons,
Vit au palais fillette en maladie.
A la guérir, dit-il, point ne perdrons.
Ce mal toujours fut signe de sagesse :
(C'étoit celui qui pâlit la jeunesse.)
Ainsi raisonne, et, sur ce, l'accosta.
L'Agnès d'abord abaissa la paupière,
Et même au front le rouge lui monta.
Notre galant, pour entrer en matière,
Sur ses attraits nasonna tendrement
Quelque fadeur tournée en compliment.
De-là, passant à sa pâleur extrême,
Plaint la pucelle, et d'un ton plus discret,
Lui dit avoir un merveilleux secret,
Dont il promet que sa vertu suprême
Doit sur son teint répandre un incarnat
Bien plus brillant que celui de la rose.
Que je voudrois, hélas! qu'on m'en donnât,
Quelque petite encor que fût la dose!

Très-bien saurois, dit-elle, assurément
Récompenser un aussi grand service.
Point ne faillit la belle à son serment :
Car en usant de l'art du bas Normand,
La jeune Agnès guérit de la jaunisse :
Son médecin gagna la rime en *isse*.

L'ENFANTINADE,

OU

LES PETITS BATTEAUX.

C'EST pour vous que j'écris ceci,
Mères, dont l'unique souci
Est de veiller sans cesse à l'honneur
        vos fille
Faites votre profit du conte que voici.
  Sont-elles jeunes et gentilles ?
Ne les fiez sur-tout à prêtre ni dévots,
Pour la plus grande part de l'enfer vr
        suppo
Pleins de détours, et souples comme a
        guille
Doux agneaux au dehors. Timides inn
        cen
         N

N'y donnez pas;ce sont loups ravissans,
Qui vont cherchant pâture, en leurs be-
soins pressans,
Jusques dans le sein des familles.
Un de ceux-ci, curé, grand directeur
De mainte cervelle imbécile,
Rusé caffard, et courtisan habile,
S'il en fut onc,fourbe adroit,imposteur,
De tel renom, qu'aux champs, à la cour,
à la ville,
N'étoit bruit que du saint pasteur ;
Des charités du grand monde économe,
Point capital, qui très-bien lui plaisoit,
Jamais, dit-on, n'en refusoit :
Eût-on volé plutôt, et Dieu sait, le pau-
vre homme !
Les usages qu'il en faisoit.
Pour en revenir à mon conte,
Il soignoit le troupeau commis
Entre ses mains, hors qu'il ne tenoit
compte,
A dire vrai, que des jeunes brebis.
Pour les instruire avec plus d'efficace,
Il tenoit une école, ou plutôt un serrail ;
Là, tant faisoit fructifier la grace,

Tome III. K

Que fort peu sortoient du bercail,
Sans montrer que le ciel bénissoit son tra-
vail.
Sa prévoyance aussi plus ne pouvoit s'é-
tendre ;
Avec soin il les élevoit,
Et les prenoit sur-tout dans un âge si
tendre ,
Que pucelles il les avoit.
Pucelles ! oui , vraiment. Et puis que l'on
me dise
Que tels oiseaux sont rares parmi nous.
Faut-il s'en étonner, lorsque les gens d'é-
glise
Font si bien qu'ils les croquent tous ?
Voluptueux dans son libertinage ,
Il répétoit sans cesse aux plus jeunes,dont
l'âge
Ne pouvoit assouvir ses appétits brutaux,
D'avoir grand soin de leurs petits bat-
teaux,
Batteaux vraiment, que, sans voiles et
sans rames,
Nature n'a construits au gré de nos desirs,
Que pour faire voguer nos ames.
Dans un océan de plaisirs.
Pour revenir à sa morale ,

L'adroit curé chaque instant leur prouvoit
Que leur conscience étoit sale,
Si le petit batteau n'étoit propre et bien net.
Et tous les jours lui-même les examinoit,
Les visitoit, touchoit. Et dans ces inno-
centes,
Quand j'y pense, combien de fois
Ce druïde lascif, par ses lubriques doigts,
Excitant de la chair les amorces pressantes,
Mit leur petite ame aux abois !
Or dites-nous ; quand chaque jouven-
celle
Présentoit à l'envi sa petite nacelle
A ce dangereux papelard,
De bonne foi, que faisoit-il aux vôtres,
Chaste S. F * * *, et modeste V * * * ?
Mais laissons vos batteaux à part ;
Achevons notre conte. Une jeune fillette,
De celles que ce bouc sacré
Ainsi façonnoit à son gré,
Une petite sœur propette.
(Tant fait sur elle impression
Le précepte qu'on lui répète.)
N'a plus d'autre occupation
Que de tenir sa barque nette ;

K 2

Ne faisant du matin au soir ,
Dans l'unique soin qui l'occupe ,
Que porter sa main sous sa jupe ,
Puis à son nez , chose plaisante à voir.
Sa maman ne fut guère à s'en appercevoir.
Vingt fois par jour elle voit la pucelle
Sortir , rentrer, et , ce qui la surprend ,
Un instant après , de plus belle ,
Faire trotter ses doigts , qu'elle est tou‑
jours flairans.
Pour éclaircir ce point , qui la tient en cer‑
velle ,
Elle la suit , lui voit prendre de l'eau ,
Et rincer son petit batteau.
L'enfant pris sur le fait , ne pouvant plus
se taire ,
Découvre ainsi le mystère.
Le prêtre impur est arrêté ;
Chacun crie à l'envie : qu'on le mène au
supplice.
J'y consens ; mais du moins que l'on nous
rétablisse
Son école de propreté.

LE TREMBLEMENT DE TERRE.

JEUNE femelle avec un vieux mari,
Ne fut jamais sans jeune favori :
Ce coup est sûr ; même la plus discrette
A de la peine à se contenter d'un.
Plutôt que d'en manquer, d'autres en font
emplette.
De celles ci, l'exemple est très commun:
Point ne m'en faut de preuves bien pres-
santes ;
Il s'en trouve assez de fréquentes
En ce point seul. Mais venons à mon fait;
Parlons de Lise, et contons-en un trait,
Trait des plus vifs. Or donc Lise étoit
telle,
Que viens de dire, en parlant de femelle.
Lise étoit jeune, vive et belle ;
Jeune galant, vieux époux Lise avoit ;
Mais vieux époux, qui toujours som-
meilloit.
Bien savons-nous que l'époux qui som-
meille,
A la femme, au galant, met la puce à
l'oreille ;

K 3

A quoi joignons satan qui nous séduit.

Cet esprit noir , qui toujours veille ,

Ne manqua pas son coup. Le galant , une
nuit ,

Fut doucement par la belle introduit

Auprès du lit, tandis que le bon-homme

Étoit dans son premier somme ,

Somme profond , de plus fortifié

De quelques coups de vin , que sa jeune
moitié,

Le soir , non sans dessein , au vieil époux
fit prendre.

Le bon-homme n'avoit de la peine à se
rendre

A de bon vin ; car encor le goûtoit

Avec plaisir , et ce plaisir étoit

Le seul qu'il pût goûter des plaisirs de la
vie ,

Hors celui qu'il ressentoit ,

Lorsque par fois ses écus il comptoit.

Lise partant n'en étoit mieux servie.

Pour sauver ce défaut, bien falloit un amant;

Et Lise en avoit un qu'elle aimoit tendrement.

En fait d'amour, la belle étoit sincère ;
Quand elle aimoit , c'étoit uniquement :
Mais arrivoit qu'elle changeoit souvent.
Ne croyez pourtant pas qu'elle eût tort de
le faire ;
Trop bien savons qu'en l'amoureux
tourment
Le changement est souvent nécessaire :
Nouvel objet paroît toujours charmant.
Notre galant avoit cet agrément ;
Car depuis deux jours seulement
Aux loix d'amour son ame étoit soumise,
En faveur de la jeune Lise ,
Et Lise de sa part avoit pareillement
Senti pour lui la sienne éprise.
Ils ne s'étoient encore expliqués que des
yeux ;
Et c'étoit pour s'expliquer mieux ,
Que Lise ménageant ce moment pré-
cieux ,
Où son époux avoit la paupière fermée ,
De sa chambre donna l'entrée
Au jeune amant, qui d'abord s'approcha
Tout près du lit où Lise étoit couchée.
Notre vieillard en rien ne relâcha

De son sommeil. Lise n'en fut touchée ;
Songea plutôt à profiter du tems.
Vous auriez vû sur une même couche,
D'un côté le mari dormit comme une sou-
che,
Chargé d'un peu de vin, accablé de ses ans;
De l'autre part nos deux jeunes amans,
Bien éveillés, et fort contens
D'une tendresse mutuelle,
Et leur flamme, quoique nouvelle,
Les conduisant de plaisirs en plaisirs,
Toute prête à combler leurs plus ardens
desirs.
Lise pourtant tient bon ; car lui vint en
pensée,
(Ce qu'elle fit en femme fort sensée,)
Le danger qu'ils couroient d'éveiller son
époux ;
Le dit à son amant : son amant la russure
En peu de mots ; discours d'amans sont
doux,
Et toujours crus. Lise de l'aventure
Ne craignit plus l'évènement.
On reprend donc son enjouement,
On recommence de plus belle,

Mais cependant avec précaution ;
Car entre le galant et la jeune femelle
Pour lors fut convenu qu'avec attention
Chaque plaisir seroit goûté dans le silence
Par tous les deux. La chose alla fort bien,
Quand à l'abord, la belle n'eût pour rien
Voulu faire aucune défense.
L'amant l'attaque, et Lise par prudence
N'oppose à ses desirs la moindre résis-
tance.
Jusqu'à ce tems, le tout alloit des mieux.
Mais un moment délicieux
Tout-à-coup redoubla si fort la violence
De leur amour, que, sans ménagement,
Ce n'étoit plus qu'empressement,
Que maint effort, qu'emportement,
Que soupirs embrâsés qui sortoient de la
bouche
De chacun de nos deux amans.
Or, pendant ces tendres instans,
On, pense aisément que la couche,
Peu faire à de pareils efforts,
Pensa coûter bien des remords
A nos amans, dont les transports
Étoient si fréquents et si forts.

La couche eut donc atteinte si terrible,
Que le vieillard , sortant de son état paisi-
ble ,
   Avec étonnement sentit
   L'étrange mouvement du lit.
Le trouvant au-dessus d'une force ordi-
naire ,
   Il ne put croire qu'il partît
   Que d'un effet de la colère
Du souverain des cieux. Lors du lit il sortit,
   Criant : c'est tremblement de terre.
   Achevant ces mots , il s'enfuit ,
Et laisse terminer cette amoureuse guerre,
Pour nos jeunes amans le comble du bon-
heur.
   Son départ leur ôta la peur
De voir par le mari découvrir le mystère ;
   Et , pour contenter leur ardeur ,
Ils refirent encor ce qu'ils venoient de faire,
Laissant notre vieillard d'épouvante agité
Dans le fond du jardin, où s'étoit transporté :
   Trop heureux d'avoir évité
   D'éclaircir une telle affaire ,
Que souvent, par sagesse, ou par nécessité,
Maint époux, la sachant, est obligé de taire.

L'ASNE.

DE tous les ânes le plus beau,
Et qui même en faisoit parade,
Aux fiers états de Mirebeau
Alloit un jour en ambassade.
Du voyage une chèvre il mit,
Pour rire et causer ensemble.
En chemin, notre âne lui dit :
J'entends bien du bruit, ce me semble,
Allez voir, c'est proche d'ici ;
Ecoutez le son de la vielle.
Si l'on y danse, dansez-y ;
Si l'on y baise, qu'on m'appelle.

LA BARBE.

PAUVRES époux d'une moitié rebelle,
Votre malheur n'est pas chose nouvelle ;
Et l'art de faire enrager un mari
N'est pas un art inventé d'aujourd'hui.
C'est un secret aussi vieux que les hommes,

Perpétué jusqu'au siècle où nous sommes ;
Mais où le diable , et l'esprit féminin
Ont à présent mis la dernière main.
Qu'ainsi ne soit : Adam , notre vieux père,
Fut, comme nous, dans la même misère ;
Lors qu'a présent on peut, chez ses voisins,
S'aller par fois venger de ses chagrins.
Le pauvre Adam fut bien plus misérable ;
Car il n'avoit que sa femme et le diable.
C'est-là le tiers qu'a toujours eu l'hymen,
Mais quelle femme avoit le bon humain !
Combien de fois regretta-t-il sa côte ?
La belle étoit aigre , hargneuse et haute.
Pour son bon-homme elle avoit trop d'ap-
                                        pas.
C'étoit un sot qui ne la valoit pas.
Jamais époux a-t-il valu sa femme ?
Las à la fin du mépris de la dame,
Au créateur il fut conter le tout.
Seigneur, lui dit le pauvre époux à bout ,
Rends-moi ma côte, et reprends ta femelle,
Ou fais exprès un paradis pour elle.
Anges sous cape en sourirent entr'eux ;
On rit toujours d'un époux malheureux.

Le

Le Seigneur seul eut pitié de sa peine.
Prends, lui dit-il, cette huile souveraine :
Va t'en frotter le visage en secret.
Tel en sera le salutaire effet
Qu'il te rendra la face redoutable,
Et te fera l'air mâle et respectable.
Il faut noter que le moindre coton
N'avoit encore ombragé son menton.
A peine Adam mit le baume en usage,
Qu'il se sentit pousser au visage
Ce qui chez nous vient, avec les desirs,
Nous annoncer la saison des plaisirs.
Surpris alors de ce qu'il sentoit naître,
Plus il tâtoit, plus il le faisoit croître.
Il essuya ses mains en maints endroits ;
Par-tout le baume opéra sous ses doigts.
Alors tout fier de sa toison nouvelle,
Il fut trouver l'intraitable femelle.
Quel changement ? Ce redoutable aspect
A la pauvrette imprime du respect.
Elle devient douce, tendre et docile,
Et notre époux, grace à cette heureuse
                                    huile,
Eut un repos qu'il n'osoit espérer.

Bonheur d'époux n'est pas fait pour durer.
Adam un jour, dans un bocage sombre,
Croyant n'avoir pour témoin que son om-
bre,
Usoit encor de ce baume divin,
Quand son tendron, conduit par le malin,
Vint dans le fond de ce bois solitaire,
En tapinois y lorgner le mystère.
Ève en sourit et se mordit le doigt.
De tous ses yeux elle épia l'endroit,
Où par Adam la phiole fut cachée.
Long-tems ne fut sans être dénichée.
A peine Adam fut décampé du bois,
Qu'Ève d'abord alloit, du bout des doigts,
Sur son visage essayer la recette :
Quand tout-à-coup démangeaison secrette
Je ne sais où lui fit porter la main,
En se frottant ; et le beaume soudain
Fit son effet. Or, sa vertu fut telle,
Que, loin d'ôter des appas à la belle,
Elle y gagna de secrettes beautés.
Lors un buisson fit bruit à ses côtés.
Un rien fait peur à ce sexe timide :
Ève s'enfuit où sa crainte la guide ;

Mais , en fuyant , elle fit un faux pas ,
Casse la phiole et répand tout à bas.
Grace au faux pas de sa moitié peu sage ,
Voilà comment l'homme eut seul en par-
tage
Ce sceau divin de la virilité ,
Qu'il a transmis à sa postérité.
Ève reprit son allure ordinaire.
Que fit Adam ? ce qu'un époux doit faire.
Pour éviter un éclat indiscret ,
Il apprit l'art d'enrager en secret.

LE BIEN VIENT EN DORMANT.
SONNET.

Pour éviter l'ardeur du plus grand jour
d'été ,
Climène sur un lit dormoit à demi nue ,
Dans un état si beau qu'elle eût même tenté
L'humeur la plus pudique et la plus rete-
nue.
Sa jupe permettoit de voir en liberté
Ce petit lieu charmant qu'elle cache à la
vue ,
Le centre de l'amour et de la volupté,

L 3

La cause du beau feu qui m'enflamme et
me tue.
Mille objets ravissans, en cette occasion ,
Bannissant mon respect et ma discrétion ,
Me firent embrasser cette belle dormeuse.
Alors elle s'éveille à cet effort charmant ,
Et s'écrie aussi-tôt : ah ! que je suis heureuse !
Les biens , comme l'on dit , me viennent
en dormant.

ORIGINE DU MOT L'AZE VOUS........

PERRETTE et Jean faisoient , dans leur
village ,
Du jeu d'amour galant apprentissage.
Jean , le gros gars , comme un franc mu-
letier ,
Avoit tout l'air d'un payeur d'arrérage ;
Perrette avoit aussi l'œil au métier ;
Nez retroussé , crin noir , large fessier ,
Et de tettons un pompeux équipage.
Que de ragoûts pour notre Jouvenceau !
Au doux aspect d'un si friand morceau,
Jean , tout gonflé de l'amoureuse rage ,

Tenoit à peine et crevoit dans sa peau.
Ces deux amans, dont voyez le tableau,
Firent pourtant dévôt pélérinage
A quelque saint ; le cas n'est pas nouveau:
Mais de ce saint ne sais par la légende.
Bien sais je au moins que ce couple dispos
Pouvoit porter son amoureuse offrande
Très-dignement au temple de Paphos.
De Cupidon, ainsi que de sa mère,
Sans les connoître, ils connoissoient la loi,
Et leur hommage et fréquent et sincère,
Pour tel autel, étoit de bon aloi.
Or il avint que notre pélérine
Partit un jour, et c'étoit le matin ;
Tôt la suivit le gaillard pélerin.
Chemin faisant, on folâtre, on badine,
Pour adoucir la longueur du chemin.
Des voyageurs portoit tout le bagage
L'âne à Perrette, et marchoit le premier
Bien gravement. Mais dans certain sentier,
Qui d'un grand bois leur ouvroit le passage,
L'âne s'émut ; ronfla, puis d'un air fier
Poussa si haut son rustique ramage,
Que dame écho, l'hôtesse des vallons,

S'essouffla toute à lui rendre ses sons.
Ceci n'est tout ; poursuivant sa bourade,
Maître baudet fit ample pétarade,
Et présenta tel signe de santé ;
Qu'au Dieu Priape il faisoit la bravade.
Perrette alors , regardant de côté ,
Lorgna le monstre à ses yeux présenté.
Jean à propos lui fit une embrassade ,
Et dit: gageons... Quoi , Jean ?... Qu'à
                        chaque pet,
Que dans ce bois poussera ton baudet ,
Auras de moi l'amoureuse accollade ..
Mon ami Jean , c'est une gasconnade :
L'âne est petteur : voyons ; ainsi soit fait.
C'étoit bien dit , et le bois en effet
Etoit tout propre à pareille aventure :
Gazon fleuri, solitude , verdure ,
Ombrages frais, tendres concerts d'oiseaux,
Vergers naissans, doux murmure des eaux.
Mais du baudet sortit autre murmure ,
Qui fut d'amour le signal éclatant.
Jean, transporté, prend Perrette à l'instant,
La serre ferme , et l'exploite d'emblée.
L'âne petta cinq fois , et tout autant

Perrette fut vivement accollée.
Jean le premier l'avertissant toujours
Du doux signal ; mais la maligne bête
Petta par trop, pour Jean, non pour Per-
rette,
Très-attentive au signal ayant cours.
Jean, disoit-elle ; holà, Jean, mes amours :
Je l'entends bien , par ma foi , l'âne pette.
Jean tout pensif écoutoit ce discours ,
Entroit en lice , et non à la franquette ,
Comme devant; mais, par tours et détours,
Rendoit enfin sa besogne complette ;
Tant que lassé de Perrette indiscrette ,
Et du baudet , indiscret animal ,
Mal répondit à l'amoureux signal.
Jean, es-tu sourd? dit Perrette : sans doute;
Le signal sonne , et tu ne me dis rien.
Tu n'es pas sourd, hélas! tu m'entends bien.
Ecoute donc , mon ami Jean , écoute :
Notre aze. . . Eh , bien ! . . Il pette. . . Oh !
qu'il te *rime.*

LE MAL DE DENTS.

Une belle dame, à Paris,
Où chaque femme a cent maris,
Disoit un jour à son époux fidèle,
Qu'elle sentoit une douleur cruelle,
Que les dents lui faisoient un mal
Qui n'avoit jamais eu d'égal ;
Et le prioit qu'il envoyât sur l'heure
Chercher un arracheur de dents :
Elle lui dit son nom et sa demeure ;
Mais qu'il vînt aussi-tôt la voir , sans per-
dre tems.
L'époux y va lui-même et l'amène à sa
femme,
Qui se plaignoit toujours. Il dit à l'arra-
cheur :
Faites votre métier. Je vous laisse madame;
Je ne saurois lui voir souffrir tant de dou-
leur.
Si-tôt que le mari fidèle
Eut laissé l'arracheur seul avec cette belle,
Cet amant déguisé la jetta sur le lit,
Et dans un amoureux déduit,

Tout plein d'amour et de courage,
Il lui fit passer toute rage.
Un enfant curieux les vit en cet état,
Par la chatière de la porte,
Et remarqua de quelle sorte
Avoit fini ce doux combat.
Le mari revient et demande
Si sa femme a souffert une douleur bien
grande.
Ce petit enfant curieux
Lui répond, en pleurant et frottant ses
deux yeux:
Papa, j'ai vu comment la chose s'est passée,
Ce méchant arracheur vient de tirer, hélas:
(A Maman, ah! peut-on en souffrir la
pensée?)
Du derrière une dent plus longue que mon
bras.
Les enfans bien souvent, en de pareilles
choses,
Ont découvert le pot aux roses.

LE CHAPELIER.

En Avignon étoit un chapelier
Des mieux tournés, et plus beau cavalier
    Qu'on ne peint le Dieu de la guerre.
En le voyant, femme ne tardoit guère
    A se prendre en si beau lien.
Une comtesse en devint amoureuse :
    Elle souhaita d'être heureuse ;
Ce qui lui fit employer ce moyen.
    Elle envoya chercher Montagne
    Sous mine de faire un chapeau
A son mari le comte d'Oripeau ,
    Qui pour lors étoit en campagne.
L'Adonis n'étoit pas si novice en ce point,
    Qu'il ne jugeât que l'aventure
    Simplement n'aboutiroit point
A prendre d'un chapeau la burlesque me-
                                    sure.
    Aussi dès qu'il eut vu parler
    Les yeux mourans de la comtesse ,
Il crut qu'au fait il pouvoit droit aller ,
    Sans blesser sa délicatesse.

Par quoi, tirant du bosquet de Paphos
Ce Dieu qu'au tems jadis dédaignoient les
Saphos,
Il l'offre aux regards de la belle.
Le compagnon lui plut si fort,
Qu'elle voulut en orner sa chapelle.
La galante n'avoit pas tort.
Car le galant de taille énorme,
Foula comme il faut le castor.
La comtesse fournit la coiffe avec la forme ;
Moyennant quoi, le mari fut coiffé
D'un castor fort bien étoffé.
Quoi ! c'est-là tout le stratagême !
Dit un valet, voyant le drôle à l'attelier !
Ma foi, sans être chapelier,
J'aurois coiffé Monsieur de même.

LA NONNE EN VOITURE.

Dans une chaise de louage,
Deux Nonnes voyageoient, regagnant le
couvent ;
L'une vieille, suivant l'usage,
Et l'autre une gentille enfant.

Un gros Flamand à pied conduisoit la voi-
ture,
Qui cheminoit fort lentement,
Et qui, sans aucune aventure,
Avoit fait le voyage assez tranquillement
Un accident en fit naître une.
Constance, (c'est le nom de la jeune Non-
nain,)
Ayant trop satisfait une soif importune,
Se sentit un pressant besoin,
Besoin que la pudeur ne veut pas que l'on
nomme
S'en soulager devant un homme,
Ç'eût été pour beguigne un gros péché
mortel
Pourtant le besoin étoit tel,
Qu'il falloit en bref s'en défaire.
Point de scandale, dit la mère;
Ma sœur, pour l'éviter, coulez-vous dou-
cement
Jusques au fond de la voiture.
Là, vous pourrez modestement
Mettre fin à votre torture,
Et notre conducteur ne verra rien du fait
La pauvre petite recluse
S'accroupit, et lâcha l'écluse;

Ma

Mais ce fut tant abondamment
Que, contre son espoir, le surveillant Fla-
mand
De l'inondation eut bientôt connoissance.
Parlez donc, madame Constance;
Qu'est-ce, dit-il, qui coule par ce trou?
Ma foi, cela dégoutte prou.
Avez-vous cassé quelque chose?
Arrêtons, et sachons la cause.
Non, non, dit-elle alors; il nous faut arriver:
C'est mon vin, qu'un cahot, en voulant
déjeûner,
M'a fait renverser dans la chaise.
Tant mieux, dit à part soi le cocher ravi
d'aise;
Je vais en remplir mon pourpoint.
Aussi-tôt, par un coup de poing,
De son chapeau se faisant une tasse,
Il l'emplit et but tout de la meilleure grace.
Mais à peine d'un trait il l'avoit entonné,
Que le pauvre Flamand se crut empoisonné.
Ah! ventrebleu, qu'est-ce que ce breu-
vage?
Quel goût a ce maudit lavage?
Jarni, jamais ce ne fût-là du vin.

Ah ! parbleu, petite Nonnain,
Je me doute de l'aventure ;
Mais je n'en serai pas la dupe, je vous jure,
Je vais vous faire voir que je connois le crû
De votre vilain vin bouru.
Cela dit, sans tarder l'effet de sa vengeance,
Il se plaça vis-à-vis de Constance,
Qui pâmoit de rire en un coin ;
En feignant à son tour un semblable besoin,
Le drôle se mit en posture
De soulager dame nature ;
Si qu'à son apogée en pompe il étala
Ce qu'au pouvre Abaillard jadis on mutila.
La Nonne, à cet aspect, peut-être au fond
bien aise,
Contrefit pourtant la mauvaise.
Méchant, dit la Nonnain, que me montres
tu là ?
Ma foi, dit-il, c'est grand'merveille !
A quoi bon tant vous courroucer ?
C'est le bouchon de la bouteille
Que vous venez de renverser.

———————

NABUCHODONOSOR.

JEUNE fillette est un friand morceau,
Quand simple esprit, caché sous fine peau,
Conserve encor la première innocence
D'Eve et d'Adam. Le cas, lorsque j'y pense,
En ce tems-ci me paroît fort nouveau.
Une pourtant, ayant corsage beau,
Dans un couvent étoit dès son enfance,
Où volontiers l'on faisoit abstinence
D'un capuchon, bien moins que d'un cha-
                                    peau.
Pas un n'entroit cependant à la grille ;
Et n'avoit vu notre simplette fille
Que gens à froc, mal-propres à donner
Cet entre-gent qui nous fait raisonner.
Ainsi n'étoit surprenante merveille
Que la pauvrette, en cet âge tout d'or,
Doutât de tout, et ne sut pas encor
Si l'on faisoit les enfans par l'oreille.
Une poupée étoit sa passion,
Quelques fuseaux son occupation.
L'unique jeu qui chatouilloit son ame,

Etoit Brelingue ou bien le trou-madame.
Sur-tout sur elle assez propre elle étoit,
Et découvrant mille beautés naissantes,
Tous les matins ses puces épluchoit
Avec grand soin, et ses mains innocentes
N'avoient sur elle encor pris aucun droit.
Or, elle étoit d'humeur douce et craintive,
Si bien qu'un jour un gros frère prêcheur,
Bon biberon, mauvais prédicateur,
Se débattant, crioit contre le vice,
Et dépeignant sa honte et sa malice,
Disoit qu'alors que l'on avoit péché,
L'homme changeoit de nature et de forme,
Et qu'aussi-tôt qu'on avoit trébuché,
Le plus beau corps devenoit tout difforme.
Jadis le roi Nabuchodonosor,
Devint velu comme une grosse bête,
Depuis les pieds, dit-il, jusqu'à la tête.
Cent beaux discours il ajoutoit encor,
Pour faire peur à toute pécheresse.
La pauvre enfant tout bas faisoit promesse
D'en profiter. La prédication
Sur son esprit fit grande impression.
A peine eut-elle appris ces belles choses,

Que le printems qui fait naîtres les roses ,
En fit pousser chez elle deux boutons ,
Vulgairement appellés des tettons ;
Tettons naissans qui commençoient à poin-
                                    dre ,
Mais d'elle encor toutefois ignorés ;
Beaux, blancs, ronds, frais et si bien séparés ,
Qu'ils promettoient de ne jamais se joindre.
Or un matin qu'elle admiroit venir
Ces deux enfans à face demi-ronde ,
Et ne savoit de quoi s'entretenir ,
Ne sachant pas qui les mettoit au monde ,
Elle apperçut qu'une puce couroit
Sur ses tettons ; elle la voulut prendre.
La puce agile alors vint à descendre ;
La jeune fille en tout lieu regardoit ,
Fort attentive où la puce sautoit.
Sa main par-tout se promène et se joue.
Mais très-surprise elle fut à l'instant ,
En certain lieu du poil appercevant.
Elle examine au fond sa conscience ,
Et croit qu'après avoir fait grosse offense
Le ciel vouloit justement la punir ;   /
Que grosse bête elle va devenir ,

                                    M 3

Ne croyant pas qu'on eût , sans être bête,
Cheveux naissant autre part qu'à la tête.
Ainsi l'effroi la prend de toutes parts ,
Et détournant ses innocens regards ,
Las ! elle crut n'avoir plus d'innocence.
Elle en faisoit mainte condoléance ,
Et regardoit , en pleurant , quelquefois ,
Si même poil ne couvroit pas ses doigts.
S'imaginant , qu'a l'exemple des chattes ,
Bien-tôt alloit marcher à quatre pattes ,
Elle se croit à deux doigts de l'enfer.
Hélas ! qu'à tort la pauvrette se blâme !
Que pouvoit-elle enfin se reprocher ?
Pas un petit mouvement de la chair
N'avoit aiguillonnné son ame.
Elle s'habille avec grande frayeur ;
Et ne trouvant le père confesseur ,
Elle s'en va trouver la mère abbesse ,
Et toute en pleurs à ses pieds se confesse,
En lui disant : j'ai perdu le trésor
De l'innocence. Alors baissant la tête ,
Elle ajouta : le ciel me change en bête ,
Comme le roi Nabuchodonosor.
J'ai mérité toute votre colère.

Le cas surprit la révérende mère.
La jeune fille , en soupirant tout bas ,
Lui raconta, non sans larmes , le cas.
L'abbesse fit un grand éclat de rire ,
Croyant par-là la tirer de souci ,
Sans expliquer ce qu'elle n'osoit dire ;
Mais son dessein n'ayant pas réussi ,
Et remarquant la fillette confuse :
Il faut enfin que je la désabuse ,
La pauvre enfant : elle me fait pitié.
Levant sa robe un peu plus de moitié ,
La fille voit chose qui l'émerveille ,
En rencontrant une toison pareille :
Hélas ! dit-elle, un semblable malheur ,
Me fait avoir pour vous la même peur ;
Et vous et moi nous sommes pécheresses.
Il fut besoin d'appeller les maîtresses ,
Tant pour finir sa crainte, en lui montrant
Que chaque sœur en avoit tout autant ,
Que pour l'honneur de cette digne abbesse,
Qui n'eût voulut passer pour pécheresse.
La simple Agnès se consola d'abord ,
De voir par-tout Nabuchodonosor.

LE MÊME, AUTREMENT.

CERTAIN froquart, prêchant à des Non-
nettes,
Leur dit : Mes sœurs, Nabuchodonosor,
Ainsi qu'il est écrit dans les prophêtes,
Pour avoir fait adorer le veau d'or,
Se vit couvert, en guise d'une bête,
D'un gros poil noir, des pieds jusqu'à la
tête.
Dès le soir même, une jeune Nonnain,
Ayant porté je ne sais où la main,
Sentit du poil ; la pauvrette étonnée
Montra l'endroit à la dame Renée.
Pour mon péché, disoit-elle, en pleurant,
Dieu me punit comme ce roi méchant.
Eh! vraiment oui, dit l'abbesse dévote ;
Mais tu n'en as que pour un véniel.
Alors troussant sa chemise et sa cotte :
Tiens, en voilà pour un péché mortel.

LES SOULIERS.

MARGOT feignoit d'être de fête,
Afin de tromper son balourd ;
Et fit tant, par humble requête,
Qu'elle eut des souliers de velours.
Mais tandis qu'il va par la ville,
Elle fait venir son valet,
Qui vous l'empoigne, vous l'enfile,
Ainsi qu'un grain de chapelet.
Son cou des jambes elle accolle.
Cependant qu'au branle du ...
Ses pieds passoient la cabriole ;
Voici revenir son cocu.
Alors il cria de la porte,
Voyant ce nouveau passe-tems :
Si tu vas toujours de la sorte,
Mes souliers dureront long-tems.

LE CHICOT.

En voyageant dans l'isle de Cythère, —
Deux pélerins, dans la verte saison,
Au Dieu d'amour disoient mainte oraison,
Quand à leurs yeux s'offrit une grand'mère,
Qui chez Cypris avoit eu quelque nom.
Çà, dit l'un d'eux, dédaignant l'alumelle,
Gageons, ami, qu'à cette haridelle
Je pousse encor la botte autant de fois
Qu'elle a de dents. On n'en trouva que trois,
Et l'escrimeur, dont la lame étoit sûre,
Fournit le compte et gagna la gageure.
Il s'en alloit, quand, l'arrêtant d'un mot:
Mon bon monsieur, dit la vieille harpie,
Vous avez fait sur mon corps œuvre pie ;
Mais dans le coin il me reste un chicot.

LE SPÉCIFIQUE.

Il étoit un manant qu'on appelloit Colin,
Garçon verd, de large carrure,

De bonne pâte, et de haute encolure.

Quant à l'esprit, ce n'étoit du plus fin ;

Il n'en avoit que petite mesure.

Or, ce Colin fut tourmenté

D'un certain mal, présent de la nature;

Qu'on pourroit à bon droit nommer mal

de santé,

Mal peu connu de tout sexagénaire,

Mal que les femmes d'ordinaire

Ne plaignent point, tant soit-il violent,

C'est inhumanité chez elles générale.

Dans quelques-uns il est intermittent;

Colin l'avoit continu ; nul instant

De trève ou de repos, pas le moindre in-

tervalle.

Or est ce mal singulier en ce point,

Que bien malade est qui ne le sent point.

N'en est atteint qui veut ; souvent on le

desire.

J'ai dit qu'aux uns il prenoit par accès :

J'ai tort, à tous je devois dire ;

Beaucoup même ne l'ont jamais.

On ne voit point de Colin à douzaine.

Colin pourtant s'en lassa, ce dit-on :

Très-sot fut-il; en mainte occasion

Je ne serois fâché d'être à sa peine.

Colin va donc trouver le médecin ;

C'étoit un docteur à gros grain ,

Sachant saigner, purger, rien davantage:

C'étoit assez pour un village.

Notre manant , plein de simplicité ,

Expose , tout honteux , son incommodité,

Le médecin examine la chose ;

Puis , ayant bien ou mal raisonné sur la

cause ,

Notre esculape villageois

Allegue aussi-tôt avec poids

L'axiome bannal : qu'on guérit d'ordinaire

Le contraire par son contraire.

Puis haussant de deux tons sa voix :

Oui , mon ami, votre mal ne procède

Que de chaleur ; le froid est le remède.

Cela dit , il va prendre un sceau ,

Forr gravement le remplit d'eau ,

La chose étoit simple , ordinaire :

Mais la gravité du docteur ,

Aux yeux du rustre spectateur ,

La rendoit un fort grand mystère :

Çà ,

Çà, Colin, lui dit-il , dans cette eau que
voilà

Plonger vous faut la partie affligée ;
Trompé serois , par ce moyen-là
Elle n'est bien-tôt soulagée.
Si ce remède ne suffit ,
D'autres on essaira. Le manant obéit ,
Fait l'immersion ordonnée ;
Mais d'effet pas un brin , ou du moins un
petit :
La maladie étoit enracinée.
Colin eut beau plonger, le mal ne se passa ;
Vingt , trente fois Colin recommença :
Tout aussi peu , c'étoit pur folie ;
Ou si Colin sentoit pour un moment ,
Par la froideur de l'eau , quelque soulage-
ment ,
Il ressortoit dehors avec plus de furie ,
La crise redoubloit. Étrange maladie !
Enfin le pauvre médecin
Pour cette fois perdoit tout son latin.
Ce mal-là , disoit-il , est plus grand qu'on
ne pense.
Il enjoignit toutefois à Colin
De revenir chez lui soir et matin ,

Tome III. N

Exécuter la susdite ordonnance?
Se rebuter, dit-il, ne faut incontinent;
  Le mal vient à pas de géant,
  Et nous quitte à pas de tortue.
Colin, qui de guérir ardemment desiroit,
  Fit au docteur sa visite assidue;
Crut que, moyennant Dieu, son mal le
                          quitteroit.
Il guérit, en effet : voici de quelle sorte.
  On vint un jour chercher le médecin,
  Pour aller voir au village prochain
  Quelque malade; il s'y transporte
  En grande hâte, et laisse là Colin
  Dans une cour. Notez qu'à la fenêtre
La femme du docteur en ce moment étoit,
  D'où vit Colin, se croyant seul peut-être,
  Qui gravement se médicamentoit.
    L'état du sire lui fit peine.
  Le sexe a l'ame tendre, humaine,
  Et ne sauroit voir un poulet souffrir,
    Sans s'émouvoir et s'attendrir.
Elle appelle Colin, sans tarder d'avantage;
  Le fait monter, et lui tient ce langage:
    Mon mari se moque de toi,

Avec son seau; mon pauvre ami crois-
moi,
Il ne connoît en nul guise
Ce qu'il te faut. Ne fait plus la sottise
D'aller à lui. Va je sais un secret
Qui fait à tous les siens la nique,
Et qui produit sur le champ son effet;
En un mot, un vrai spécifique.
C'est du froid qu'il ordonne : il est fou,
c'est du chaud,
Mon pauvre Colin, qu'il te faut :
Par la seule chaleur ta guérison est sûre.
Cela dit, la voilà qui procède à la cure
Du susdit mal, fait coucher prompte-
ment
Maître Colin bien chaudement
Entre deux draps, et va se mettre ensuite
A ses côtés, pour l'échauffer plus vîte.
Admirable pouvoir du nouveau médecin !
Et combien la nature s'aide !
Plus ingénieux que Colin,
Le mal va s'appliquer au plus vîte au re-
mède.
Dirai-je plus ? Colin se trouva bien du
chaud,

N 2

La recette étoit douce, et plut si fort au sire,
  Qu'il eût voulut n'être guéri si-tôt ;
  Car on croit bien, sans qu'il faille le dire,
  Que le remède opéra comme il faut,
  Par le secours de sa vertu cachée.
  Il ne s'en fut servi cinq ou six fois,
  Qu'adieu le mal. La dame en fut fâchée ;
  Trop bien vouloit guérir le villageois,
  Et lui donner tous ses soins et son aide :
  Mais elle auroit desiré toutefois
  Qu'il eût toujours eu besoin du remède.
Cela ne se pouvoit : au reste le manant,
  Pas si souvent que vouloit la donzelle ;
  Redevenoit malade de plus belle.
    Lui chez la dame de courir,
    Elle aussi-tôt de le guérir,
    Tant et si bien que par la suite
Colin à son mari ne rendis plus visite ;
Mari qui, devenu plus sot que le manant,
    Loin d'en tirer mauvais augure,
    Conte le cas à tout venant,
    Et se croit l'auteur de la cure.
    Messire docteur, un beau jour,
Entouré de manans qui lui faisoient la cour,

Au sortir de l'église, ainsi qu'il est d'usage,
   Car c'étoit le coq du village ,
  Par cas fortuit , au bout du carrefour ,
   Apperçoit Colin sa pratique.
Lors se tournant vers la troupe rustique:
Tenez , dit-il , le faisant arrêter ,
Voyez-vous ce gros gars ? Il me vint con-
                   sulter ,
  Ces jours passés , pour une maladie.
 Puis le docteur , avançant quelques pas,
  Se met à leur conter le cas.
Ne sais , dit-il , quelle est sa fantaisie ,
  Avec son mal qui ne l'est point.
 Ah ! qu'un tel mal viendroit à point ,
Pour nos moitiés , à tous tant que nous
             sommes !
  Qu'en dites-vous, messieurs les hommes?
 Car les garçons y sont assez sujets ,
 Et ne sont-ils , je gage , si benêts ,
Que chez moi de venir en chercher le re-
            mède;
 Pas n'ont recours , pour le sûr , à l'eau
            froide.
  Disant ceci , notre convalescent
  S'approcha d'eux tout doucement.

Lors le docteur : eh ! bien , compère ,
Dis-nous un peu comment va notre affaire ?
Tu ne viens plus me voir aussi souvent ?
Notre maison.... Ah , ah ! dit le manant,
Vraiment, monsieur, madame votre fem-
me
M'a , de sa grace , un remède enseigné
Qui vaut bien mieux, de par mon ame,
Que la peste d'eau froide où me suis tant
baigné.
C'est bien un autre bain , ma foi ; pour
cette histoire ,
Madame en sait plus long que vous.
Avec votre sceau d'eau , vous vous gaus-
siez de nous ;
Et moi bien nigaud de vous croire.
Vous n'êtes pas un grand docteur ;
Or je suis votre serviteur ,
Mais plus encor serviteur de madame.
Allons , c'est une brave femme.
Telle harangue aux assistans ,
Pour le certain , ne fut obscure.
Le plus bouché de nos manans ,
Comprit d'abord où gissoit l'enclouûre.
Du cercle villageois grands furent les éclats,

Chacun disant son mot sur un tel cas.
Le docteur vit fort bien qu'il étoit pris pour
dupe,
Que, pour guérir le mal dont se plaignoit
Colin,
Une femme confond le plus grand médecin,
Et que le chaperon doit céder à la jupe.

LE COCU.

CERTAIN mari, grand babillard,
Et voilà tout, contoit à sa femélle
De ses galans exploits la longue kyrielle.
J'étois, lui disoit-il, autrefois un gaillard :
Je voltigeois de belle en belle.
Il n'est, ma foi, point de quartier
Où l'on ne parle encor des tours de mon
métier.
Les maris avoient beau faire la sentinelle,
Trente que tu connois ont passé le guichet.
J'escamotois une donzelle,
Je la prenois au trébuchet
Comme un moineau. J'allois enfin de
sorte

Qu'il n'en est presque point aujourd'hui qui
ne porte
Un panache de ma façon.
Vois-tu ? j'étois un vigoureux garçon.
Ah ! mon mari, lui répond l'innocente,
Des cocus de ton fait tu comptes plus de
trente ?
Il faut, à ce jeu si commun,
Que je sois bien peu savante ;
Car pour moi je n'en compte qu'un.

LA VIVANDIÈRE.

LA femme d'un cavalier,
Vivandier,
Par les hussards pillée, et sa charrette prise,
Revenoit au camp en chemise.
Comment ! morbleu, dit le mari,
Tu n'as donc rien sauvé ? Nous vo à sans
ressource.
Si fait, dit-elle, mon ami ;
J'ai sauvé la tasse et la bourse.
A ce discours, le maître radouci :
La bourse ? Où l'as-tu donc cachée ?

Où vous savez, dit-elle ; la voici.
Et pourquoi, reprit-il, t'es-tu pas avisée
D'y fourrer les chevaux et la charrette
aussi ?

LA RÉSURRECTION.

LA villageoise Perronnelle,
Aussi naïve qu'elle est belle,
Et qui dans sa viduité
Se donne un peu de liberté,
Entendant, un lundi de Pâques,
Prêcher la résurrection,
Où le cordelier, frère Jacques,
Excita l'admiration
De la rustique nation,
Elle en sortit toute éplorée.
Qu'avez-vous, lui dit Desirée ?
Quel sujet vous fait sanglotter ?
Ah ! dit-elle, ce trait me tue :
Ma commère, je suis perdue,
Si Jean vient à ressusciter.

LA DONZELLE FRANCHE.

En rendez-vous avec donzelle vive,
Pour consommer une affaire de cœur,
Paul recherchoit sa nature tardive;
Lise au filet l'accusoit de tiédeur.
Mais lui, feignant un accès de roideur.
Pour gagner tems, mettoit de la salive;
Ce que voyant la ribaude naïve,
Lui dit: Tu fais à tous deux trop d'hon-
    neur.

LE CURÉ D'ISSY.

Près de Paris est un village,
Issy nommé, gentil château.
Une dame de haut parage
En fait l'ornement le plus beau.
Un jour le curé s'avise
La princesse de venir voir,
Qui, comme bonne et bien apprise,

Ordonne au curé de s'asseoir.
Notre homme, sans y prendre garde,
En s'inclinant, se trouve assis
Dans un fauteuil, où par mégarde
Son mouchoir madame avoit mis.
Bientôt il voit que quelque chose,
Comme du linge, lui pendoit :
Avec son chapeau tient très-close
La porte qui trop s'étendoit ;
Puis, d'une main escamotée,
Vîte il renferma de son mieux
La toile mal empaquetée,
Dont la vue eût choqué les yeux.
La sienne étoit mal avisée,
Car il crut que c'étoit le bout
De sa chemise extravasée ;
Ce n'étoit point cela du tout.
Voici la princesse pressée
Par le besoin de se moucher,
Et la compagnie empressée
Le mouchoir par-tout à chercher.
Un page, ayant vu la méprise,
Le curé confus décela,
Qui tira d'avec sa chemise
Le prisonnier, et s'en alla.

LE MARI SATISFAIT.

Un cordelier, dans le saint tribunal,
S'enquit un jour d'une jeune commère
Combien de fois son mari sut lui faire,
Dans une nuit, le devoir conjugal.
Deux fois sans plus, répond la pénitente.
Votre mari n'est donc qu'un mal appris,
Dit le pater : moi, parbleu ! je me vante,
En moins de tems, de vous le faire dix.
La *Signora*, de retour au logis,
Ne sais pourquoi, conta toute l'affaire
A son époux, qui, rempli de colère,
S'en va trouver le gardien de Léans.
Je viens, dit-il, me plaindre à vous d'un
père;
C'est un pendard entre les plus méchans,
Et tôt ou tard vous en aurez du blâme.
Sachez qu'hier, en confessant ma femme,
Il se vanta, par forme d'entretien,
Qu'il lui feroit ses dix postes complettes.
Mon révérend, cela se peut-il bien ?
Souffrirez-vous

Souffrirez-vous que semblables sornettes
S'aillent contant dans la maison de Dieu,
Pour mettre à mal les simples femmelettes;
Sans respecter la sainteté du lieu ?
Il faudroit faire un exemple sévère
De tels caffards, & les châtier tous.
Eh ! bien, enfin interrompt le bon père,
Ce séducteur, comment le nommez-vous?
Père ATHANASE, ajoute notre époux.
Le révérend, sortant comme d'extase,
Sans s'émouvoir, à l'instant répondit:
C'est, dites-vous, notre père ATHANASE?
Il le feroit tout ainsi qu'il le dit.

LE CONFESSEUR PIQUÉ.

Au tems paschal, un traitant s'accusoit
D'avoir commis le péché de mollesse.
Un cordelier en baillant l'écoutoit,
Et disoit, bon ! c'est péché de jeunesse ;
Apparemment ne pouviez faire mieux.
Puis tout-à-coup devenu curieux,
Il le lorgna par le sacré grillage.

Tome III. O

Monsieur, dit-il, peut-on savoir votre âge?
Eh ! mais, reprit le pénitent confus,
J'ai quarante ans, et le cinquième en sus,
Et pas ne crois en avoir davantage.
Lors le pater, enflammé de courroux,
De son bureau repoussant la fenêtre :
Morbleu ! vilain, dit-il, allez-vous paître?
Pour le déduit, quel âge attendez-vous ?

LE TABLEAU.

Passant dans une galerie,
Le jeune Lisandre apperçut
Un tableau qui d'abord lui plut.
Son innocence encor n'étoit pas aguérrie
Contre ce tendre mouvement,
Ces secrettes ardeurs qu'une peinture nue
Qu'on regarde attentivement,
Fait naître à la première vue.
Lisandre se sent émouvoir,
Et ne sait d'où provient le trouble que lui
cause
Le tableau qu'il se plaît à voir :

Plus il veut pénétrer la chose,
Et moins il sait ce qu'il voudroit savoir.
En ce tems la fine Colette,
Passant par hasard dans ce lieu,
Vit que Lisandre tout en feu,
Sembloit avoir l'ame inquiette.
Quel est le trouble où je vous voi,
Jeune Lisandre, lui dit-elle ?
Et quelle est la peine cruelle
Qui vous fait rougir devant moi ?
Ah ! vous ne pouvez pas, Colette,
Répond Lisandre presqu'en pleurs,
Dire d'où vient l'ardeur où ce tableau me
jette :
C'en est fait, je sens que je meurs.
La belle paroissant sensible à ses douleurs:
Lisandre, lui dit-elle, en faisant l'innocente,
Par un regard trop curieux,
Vous avez offensé les Dieux
Que ce tableau nous représente ;
Vénus est en colère aussi bien que son fils.
Eh ! quoi ! dit Lisandre surpris,
C'est donc là cet enfant qui se plaît à mal
faire ?
Ah! le petit fripon m'a blessé par derrière

D'un trait qui pénètre si fort ,
Que (je n'en doute plus) il causera ma
                                        mort.
    Hélas ! quelle est sa barbarie !
Quel crime ai-je commis pour me traiter
                                        ainsi ?
Il m'a tiré ce trait avec tant de furie ,
Qu'il en sort la moitié du côté que voici.
    Je sens un feu qui me dévore ,
    Ce trait étoit empoisonné. ....
    Ce feu brûlant augmente encore ;
    Il m'a , le traître , assassiné.
    O vous, beauté tendre et charmante,
    Que mon malheur semble toucher ,
    Ne pourriez-vous pas arracher
    Ce trait qui si fort me tourmente ?
    Le beau Lisandre faisoit voir ,
    Tandis qu'il tenoit ce langage,
    Ce qu'une fille jeune et sage ,
    Et qui croit suivre son devoir ,
    Selon le plus commun usage ,
    Détournant un peu le visage ,
    Ne veut pas trop appercevoir.
    Cependant il faut que la belle
    Eût vu le mal du jouvenceau ;

Car en fuyant à tire d'aîle :
Allez, Lisandre, lui dit-elle,
Ce mal n'est pas un mal nouveau.
C'est peu de chose, hélas! que votre maladie.
L'amour a tiré foiblement :
Le trait qu'il a lancé ne sort pas bien avant,
Ne craignez rien pour votre vie.

L'ANNEAU DES NOCES.

Un jour le gros Lucas, épousant Isa-
beau,
Le Curé l'avertit qu'à la main de la belle
Il étoit tems de mettre le joyau,
Qui du nœud conjugal est le gage fidèle.
Soudain de dessous son manteau,
Lucas tirant sa gaillardes alumelle,
La mit dans la main d'Isabelle
Qui s'en saisit, baissant les yeux.
Pudeur sied bien à jeune jouvencelle.
Lucas en ce moment en parut plus joyeux :
Mais ce plaisir ne dura guère.
Le curé pâlissant, leur dit, tout en colère :
Qui vous parle de ce joyau ?

O 3

Cachez cela. . . . C'est cet anneau
Qu'il faut mettre au doigt d'Isabeau.
Autre accident, soit que la belle
Eût par hasard trop gros le doigt,
Ou que l'anneau fut trop étroit,
En le poussant Lucas chancelle ;
Et voilà Lucas et l'anneau
En même tems sur le carreau.
Est-ce ainsi, butor, qu'on l'enfile,
Dit le pasteur? Oh ! dame, finissons....
Je sens déjà monter ma bile.. . ..
Pour un anneau, voilà bien des façons.
Excusez, dit Lucas, mon trouble ;
Certain je ne sais quoi semble offusquer
                     mes yeux.
Il me paroît que je vois double :
Cette nuit, à tâtons, je l'enfilerai mieux.

LA DUCHESSE.

UNE duchesse d'importance
Devint éprise à toute outrance
De Lucas, un sien jardinier,
Garçon rablu, dont la prestance

Sembloit propre à plus d'un métier.
Tel exemple n'est pas unique :
Médor fut aimé d'Angélique ,
Et Lucas valoit bien Médor ;
Il le valoit, et plus encor
Dans un point que je ne veux dire ,
Et dont la dame par hasard
Fit remarque un jour que le sire
Dormoit dans un coin à l'écart.
Toute duchesse qui soupire
Ne reste point à mi-chemin ;
Celle-ci, par un beau matin ,
Son époux étant en voyage ,
Sans marchander , mande Lucas.
Il vient , on met le personnage ,
Au même instant , entre deux draps ,
Pour procéder au cocuage
Du duc absent , comme j'ai dit.
Notre jardinier interdit ,
N'osant regarder face à face
Une personne à tabouret ,
Veut se contenter , par respect ,
D'occuper la seconde place ,
Et de planter là le piquet.

En un mot, pour parler plus net,
Il se mit en devoir de faire....
Eh quoi ? ce que jadis Junon
Offrit au maître du tonnerre.
La dame, qui n'entendoit pas
Qu'il poussât plus avant l'affaire,
Lui dit : que fais-tu là derrière ?
Tu te méprends, ami Lucas ;
Ce n'est pas de cette manière.
Place-toi mieux, qui te retient ?
Ah ? dà, madame la duchesse,
Ce seroit trop de hardiesse :
Je suis mieux qu'il ne m'appartient.

LA REMONTRANCE.

Un jour pressé d'un mal extrême,
Je disois à celle que j'aime :
Si, rebelle aux tendres desirs,
Par une crainte ridicule,
Tu refuses les vrais plaisirs,
Ta main peut au moins, sans scrupule,
Plus complaisante à ton amant,

Soulager un peu mon tourment.
Dois-je tourner ta folle envie,
Dit-elle, contre un innocent,
Et mourir un enfant,
Auparavant qu'il soit en vie ?
Père Ange dit que c'est pécher,
Et qu'il vaudroit mieux achever.
Je répondis : belle Angélique,
Croyons le docteur séraphique;
Par grace, écartez les genoux.
Ah ! mon salut dépend de vous.

LA GRACE EFFICACE.

CERTAIN galant, chez certaine donzelle,
Alloit par fois ; même le compagnon
Couroit sans bruit s'introduire chez-elle,
Ayant la clef du logis de la belle.
Cet homme qu'on nommoit Damon,
Un jour qu'il avoit fait sacrifice très-ample
Au Dieu Bacchus, voulut de Cupidon
A son tour visiter le temple.
Notez qu'à sa divinité

Son offrande il n'avoit porté
Depuis long-tems : or , ces beautés com-
modes
En même lieu ne font pas long séjour ,
Mais font changer de réduits à l'amour ,
Aussi souvent que nous changeons de mo-
des.
La belle de Damon ,par un coup plus fatal,
  Avoit quitté sa demeure ordinaire.
    Certain commissaire brutal
    Avoit déménagé Cythère ;
    Les pauvres amours et leur mère
    Etoient logés à l'hôpital.
Une dévote avoit rempli sa place ;
De celles-là qui , d'un ton doctoral ,
Prônent Quesnel, parlent grâce efficace,
Et dans Paris forment un tribunal ,
Du haut duquel ces mères de l'église,
Font prononcer mainte et mainte sottise
A saint Thomas; comme à saint Augustin;
Du reste, louant Dieu, parlant mal du pro-
chain.
    Celle-ci se nommoit Bélise.
    Damon , sans craindre de méprise ,
    Entre à l'ordinaire , et pour lors

Notre dévote étoit dehors.
Le compagnon n'ayant trouvé personne,
Prit le parti d'attendre sur un lit.
La vapeur du jus de la tonne
Bientôt à tel point l'endormit
Que , par un mouvement qu'il fit ,
Etant tombé dans la ruelle ,
Il n'en dormit que de plus belle.
Bélise , au logis de retour ,
Soupa très-bien , fit ses longues prières;
Pour le clergé demanda des lumières ;
Puis se coucha , ne se doutant du tour.
On sait que , lorsque l'on sommeille ,
Morphée offre à l'esprit le mélange confus
Des objets qui , durant la veille ,
Nous avoient occupé le plus.
Ainsi le suppôt de Bacchus
Pense encore être sous la treille ;
L'amant éprouve ou faveur ou refus ;
De Henri le chantre sublime
Voit des lauriers, R... voit des bâtons.
Dans leurs songes tous deux sont sur la
double cime ;
Mais l'un cueille des fleurs , et l'autre des
chardons.

Or, notre janséniste ayant bien parlé grace,
    (Inintelligible jargon ,
Dont elle n'étoit jamais lasse) ,
Songea que Raphaël venoit lui faire don
De cette même grace ; et, ce pour récom-
pense

    D'avoir si bien pris sa défense.
    Damon s'éveille cependant ,
    Remonte sur le lit , et prend
    Notre dévote pour sa belle ,
    Et la met en œuvre pour telle.
    Le drôle en grace se sentoit ,
    Grace efficace , et travailloit ,
    Comme on peut croire, de grand zèle;
Près de lui Raphaël n'eût été qu'un enfant.
    Enfin après mainte secousse ,
La dame se réveille et se pâme en criant...
    Ah ! ah! Seigneur , que votre grace est
douce !

LES DEUX PUCELAGES.

CERTAINE Agnès à doux maintien;
Belle et gentille de corsage,

Avec

Avec Damis eut un tendre entretien,
Qui fut suivi d'un tendre apprentissage,
Dont personne pourtant n'auroit jamais
su rien,
Si ce n'est que l'Agnès, propre à mettre
en ménage,
Fut demandée en mariage.
Le père ayant gendre à souhait,
Lui vantoit fort la douceur de sa fille.
Voilà, lui disoit-il, un chef-d'œuvre par-
fait,
En elle la sagesse brille :
Pour pucelle, elle l'est; je le garanti bien.
Mon père, reprit-elle, hélas ! je suis si sage
Que monsieur n'aura pas pour un seul pu-
celage ;
Car Damis, l'autre jour, m'a fait présent
du sien.

L'HEUREUX ÉCOLIER.

POUR porter un billet à l'objet de ses
vœux,
Un sot pédagogue amoureux
Entre ses écoliers du plus beau fit élite.

Tome III. P

Rends-le en mains propre , lui dit-il ,
Et m'en apporte ici la réponse au plus vîte.
Lui va, rend le billet d'un air doux et civil.
Politesse et beauté du sexe ont le suffrage.
On lit , et puis au-lieu de répondre au
docteur ,
Elle interroge le porteur.
Sur quoi? sur ses plaisirs ; s'il aimoit à son
âge.
Il répond ; on sourit : il entend ce langage;
L'on... Un moment suffit , quand il plaît à
l'amour.
Ma réponse, lui dit le Régent , au retour?
Je l'ai, dit l'écolier, reçue et vive et tendre :
Mais je ne saurois vous la rendre.

LA NONNE ET LES DRAPS
DU PRÉMONTRÉ.

POUR un sien directeur, prémontré, c'est
tout dire,
Une chaste nonnain blanchissoit tous les
mois ,
Et pour tout autre que le sire
N'auroit fait œuvre de ses doigts.

Sur un caleçon immodeste,
A la nonnain Satan fit voir un jour
Que pour elle frappartétoit rempli d'amour;
Qu'à son intention... Silence sur le reste,
Sans peine on le devinera.
La nonnette délibéra
S'il falloit mettre au blanchissage
Des doigts du directeur un si précieux gage.
Le bon ange, allarmé du progrès de Satan
Pour cette illustre pénitente,
Pour soutenir sa vertu chancelante,
Lui fit examiner les draps du révérend.
Fi du vilain, dit-elle, en les considérant;
Sans doute il baise sa servante.

LA TACHE DE CRÈME.

Un mari trop usé pour plaire,
Par un amant fut remplacé,
Qui n'étant qu'un mets ordinaire,
Fit qu'on en fut bientôt lassé.
Un jeune officier se présente,
De tendresse plein comme un œuf.

Il plaît, il engage, il enchante ;
Bref, Alix veut goûter du neuf.
Elle en tâte, mais à la hâte ;
Si bien que l'époux s'apperçoit
D'une tache fraîche qui gâte
Sa jupe dans plus d'un endroit.
Toi, qui te dis propre à l'extrême,
Ma femme, néanmoins je voi
Que, quand tu manges de la crême,
Il en tombe toujours sur toi ;
Vîte une serviette mouillée.
Secondé de l'ancien ami,
Il frotte la robe souillée :
Tous deux n'y vont pas à demi.
Mais tandis qu'ils frottent sans bornes,
(Remarquez bien, c'est le plus beau,)
L'officier leur faisant les cornes,
Met le dernier trait au tableau.

LE SCRUPULE LEVÉ.

Pour se délivrer d'un scrupule,
Un jour Damon entra dans la cellule

D'un vieux carme des plus savans.
Mon père, lui dit-il, depuis quatre ou cinq
ans.
Je suis dans les bonnes fortunes,
Jeunes ou non, blondes ou brunes,
Tout est bon pour mon cœur, ou du moins
pour mes sens ;
Mais j'y mets cette différence :
Aux jeunes il n'en coûte rien,
Et chez moi les faveurs tiennent lieu de fi-
nance :
Mais les vieilles, en récompense,
Me payent chèrement deux heures d'en-
tretien.
Dites-moi donc, révérend père,
Puis-je sans me damner, garder tout ce
bien-là ?
Le bon carme ainsi lui parla :
Toute peine ici-bas doit avoir son salaire,
Et tout péché mérite châtiment ;
Ainsi je suis d'avis que vous gardiez l'argent
Des vieilles qui n'ont su vous plaire,
Et qui vouloient vous avoir pour amant.
Tandis que dans vos yeux feu de jeunesse
brille,
De la vieille maman prenez en sûreté.

P 3

Mais il faut que le bien retourne à la fa-
mille ;
Et si dans l'âge à lunette, ou béquille,
Du penchant à l'amour vous est encor resté,
Vous devez le rendre à la fille
Pour le prix qu'il vous a coûté.

LE JUBILÉ.

Au jubilé, comme sage,
Je voulus ; selon l'usage,
Faire mes dévotions.
Suivant l'ordre du Saint-Père,
Je me dépêchois de faire
Trois ou quatre stations.
J'allois d'église en église,
Quand ; d'un air tout de franchise,
Une catin m'aborda.
A cette attaque imprévue,
D'abord je baissai la vue,
Mais le diable me tenta.
Je la conduisis chez elle,
Et je fus de la donzelle
Passablement régalé :

Si bien qu'en cet exercice
Je perdis le Jubilé ,
Et gagnai la ch. . . . . .

LE CHANOINE ET LA SERVANTE.

Un gros chanoine embarrassé
De voir que sa servante porte
Certain embonpoint mal placé ,
Sourdement la met à la porte.
Bientôt une autre vient s'offrir ;
Jeune encore et de bonne mine.
Voilà notre homme à discourir :
Savez-vous faire la cuisine ? . . .
Fort peu... Blanchir ?... Non... Buvez-
                                vous ? ....
Il n'y paroît pas... Lire , écrire ? . . .
Point.. Gages?.. Cent écus... Tout doux!
Oh ! par ma foi , je vous admire ;
Vous ne savez rien , et d'abord
Cent écus ! Quoi ? la plus habile
N'en demande que vingt... D'accord :
Mais moi , Monsieur , je suis stérile.

Fin du troisième volume.

TABLE

DES MATIÈRES

contenues dans ce troisième Volume.

CONTES.

LA linotte de Jean XXII.   page 3
Le cuisinier scrupuleux.   7
L'ivrogne   10
L'enfant de neige.   11
Jugement sur le rêve et la réalité.   14
Les souhaits.   18
Le boudin.   19
Les complimens.   20
Les joies du paradis.   21
Le gueux indécent.   23
Il y a place pour deux.   24
Les bottes.   25
Le pseautier.   29

Le partant quitte. page 31
La bible de Calvin. 32
Le péché originel. 33
Le sermon efficace. 38
L'office des morts. 39
Le coche versé. 40
La délicate. 41
Le nœud coulant. 42
Le pupitre. 43
L'avocat docile. — 44
Les vœux. 45
Les yeux mouillés. 46
Le voyageur. 47
Le Bègue. 49
La bulle. idem.
Aventure de M. Davejan. 54
La confession latine. 55
Messire Imbert. 56
La clémentine. 57
L'exécution. 61
Le roi boit. 63
L'aveugle en prières. 64
Le cordier de Tours. idem.

Le pain à la main. page 68

La linotte de Mississipi. 69

Origine du proverbe de la chape à l'évêque. 75

Le cavalier présomptueux. 77

Les cheveux. 79

Le magnificat. 80

Le goutteux. idem.

Le bon naturel. 81

Les chaussons. 82

T'y voilà donc ! 84

La sédition appaisée, 89

L'in exitu. 92

L'écussonnade. 93

Le médecin bannal. 96

Le curé violon. 98

La gageure. 99

Les bonnes religieuses. idem.

L'abbé de Lignerac , et madame de la
Feuillade. 101

Le sellier d'Amboise. idem.

Le guérisseur de jaunisse. 107

L'enfantinade , ou les petits Batteaux. 108

Le tremblement de terre.   page 113

L'asne.   119

La barbe.   idem.

Le bien vient en dormant. Sonnet. 123

Origine du mot l'aze vous. . . .   124

Le mal de dents.   128

Le chapelier.   130

La nonne en voiture.   131

Nabuchodonosor.   135

Le même, autrement.   140

Les souliers.   141

Le chicot.   142

Le spécifique.   idem.

Le Cocu.   151

La vivandière.   152

La résurrection.   153

La donzelle franche.   154

Le curé d'issy.   idem.

Le mari satisfait.   156

Le confesseur piqué.   157

Le tableau.   158

L'anneau des noces.   161

La duchesse.   162

La remontrance. . .   page 164

La grace efficace.   165

Les deux pucelages.   168

L'heureux écolier.   169

La nonne et les draps du Prémontré. 170

La tache de crême.   171

Le scrupule levé.   172

Le jubilé.   174

Le chanoine et la servante.   175

Fin de la table du troisième Volume.

www.ingramcontent.com/pod-product-compliance
Lightning Source LLC
Chambersburg PA
CBHW072045080426
42733CB00010B/1993